¡QUE VIVA LA COCINA!

GORKA BARREDO

¡QUE VIVA LA COCINA!

Recetas caseras y fáciles para todos los bolsillos

Grijalbo

Papel certificado por el Forest Stewardship Council®

Primera edición: mayo de 2019
Sexta reimpresión: noviembre de 2020

Fotografías de las páginas 74-75, 144-145, 182-183 y 190-191: © iStockphoto

Diseño: Meritxell Mateu / Penguin Random House Grupo Editorial
Maquetación: Roser Colomer

Printed in Spain — Impreso en España

ISBN: 978-84-17338-40-4
Depósito legal: B-7.675-2019

Impreso en Gráficas 94, S. L.
Sant Quirze del Vallès (Barcelona)

DO 3 8 4 0 4

Penguin
Random House
Grupo Editorial

Le dedico esta obra a mi madre, Irene,
la mejor maestra culinaria que he tenido,
que me inculcó el amor por la cocina
y es amante empedernida de la lectura

ÍNDICE

PRIMEROS PLATOS/APERITIVOS

SEGUNDOS PLATOS/PLATO ÚNICO

POSTRES

INTRODUCCIÓN

Mi nombre es Gorka Barredo Rubio. Nací en Vitoria el 9 de septiembre de 1986 y me crie allí, pero a los 20 años de edad me mudé a la ciudad de Palencia, en la que viví durante casi diez años y desempeñé las más variopintas profesiones: peón de fábrica, cartero, reponedor de supermercado...

La crisis de 2007 nos azotó a todos los españoles y yo no iba a ser menos. En el año 2012 me despidieron de mi último empleo como cartero. Desde entonces y durante los dos años siguientes, mientras buscaba un nuevo empleo, aproveché para formarme como cocinero, siempre de forma autodidacta. Y es que, aunque he asistido a infinidad de cursos presenciales y a distancia, todos relacionados con la profesión, lo cierto es que no tengo estudios oficiales de cocina. Todo lo que sé sobre ella proviene de estos cursos, de mis investigaciones personales, de las decenas de libros de cocina que he devorado —algunos dedicados al cocinero amateur, otros al profesional—, de cientos y cientos de programas de televisión donde un cocinero o cocinera sale durante alrededor de 30 minutos enseñando alguna receta —y de paso, tan importante como la propia receta o más, mostrando algún que otro truco o técnica culinaria— y de la propia experimentación y formación autodidactas. He pasado más tiempo delante de los fogones de mi casa, experimentando, que haciendo cualquier otra cosa; literalmente, cientos de horas.

¿Y por qué me dio por hacer esto a los veintitantos? Bueno, porque como a toda persona que está en el paro, me sobraba el tiempo y la cocina es algo que siempre me había gustado. Era una asignatura pendiente para mí a la que nunca había podido dedicarle tanto tiempo como me hubiera gustado, y vi que este momento era el ideal para aprender todo lo que pudiese sobre ella.

En el año 2014, cuando mi prestación por desempleo estaba a punto de expirar, fundé mi canal de YouTube *¡Que viva la cocina!* —aunque inicialmente no tenía este nombre— y en diciembre del mismo año fundé *Long Live Cooking!*, su homólogo en inglés, que en un principio tampoco se llamaba así. También fundé el mismo mes del mismo año el blog *Cocinacaserayfacil.net*. Abrí estos canales nada más y nada menos que por mero azar, como casi todo en esta vida: un amigo me dio la idea mientras me tomaba un café con él. Me dijo que no podría ser mala idea hacerlo para utilizarlo como *escaparate* y presentárselo en mi currículo a algún hostelero, por si quería contratarme como cocinero.

Y la verdad es que no pudo tener una mejor idea. Nadie me contrató jamás como cocinero, pero poco a poco y sin pretenderlo, las visitas a todas estas plataformas fueron subiendo paulatinamente, despacio pero seguro. Tanto fue así que poco después de un año tras la fundación del canal y del blog ya me dedicaba única y profesionalmente al mundillo *recetero*.

Hoy en día vivo felizmente con mi pareja en Vitoria-Gasteiz, o sea, que he vuelto al nido en el que nací. Me dedico en exclusiva a enseñar a la gente a cocinar a través de varias plataformas de internet y, entre todas, cientos de miles de personas consultan unas u otras. Las visitas no dejan de subir y tengo la sensación que esto es tan solo la punta del iceberg, como suelo decirles con mucha frecuencia a las personas que me rodean. Mi canal de YouTube acaba de superar por primera vez en su historia los 5.000.000 de reproducciones mensuales y cada vez son más las empresas externas que desean colaborar conmigo. No acepto todos los trabajos que me ofrecen, pero sí aquellos que considero más honorables. Colaboro desde hace un año con la campaña «Diabetes, tómatela en serio», la cual, a través de la gastronomía, intenta concienciar sobre los peligros de la diabetes tipo II, su prevención y sus cuidados paliativos para las personas que ya la padecen. Yo mismo me puse las pilas también en esta materia y durante este año he bajado 20 kilos. Ahora estoy en mi peso ideal.

En noviembre de 2017 acudimos todos los cocineros que colaboramos en dicha campaña a Madrid, para participar en un evento sobre la materia y cocinar. Acudieron cocineros tan reputados como Alberto Chicote, y tuve el placer de conocerlo en persona y poder tratar con él sobre el tema. Él también participa en esta campaña.

También formo parte de otro proyecto, que acaba de comenzar, que trata de concienciar sobre la preservación y la conservación de las razas autóctonas de la península ibérica en peligro de extinción.

Ahora me gustaría dar el siguiente paso, en este caso con la versión en papel de mis recetas, como se ha hecho toda la vida. Para ello he preparado un índice de 70 elaboraciones. En ellas, muestro recetas fáciles de hacer y muy baratas; es más, son tan económicas que, calculándolo, cada una tiene un precio en materia prima de aproximadamente 1,50 € por comensal. Lo mejor de todo es que, a pesar de su precio, no hay que renunciar al sabor. Todas ellas son platos ricos, nutritivos y muy fáciles de hacer, al alcance de todo el mundo, independientemente de su situación económica o sus conocimientos culinarios; a fin de cuentas, con esta esencia es con la que yo comencé en internet, porque yo también vengo de un momento dado en el que en mi bolsillo tan solo había telarañas y había que hacer auténticos milagros para llegar a fin de mes.

Gorka Barredo Rubio

PRIMEROS PLATOS/ APERITIVOS

ALUBIAS **CON ALMEJAS Y SEPIA**

La elaboración de estas alubias es muy sencilla. No es la receta más rápida del mundo, pero podrías agilizar el proceso cocinándolas en la olla exprés; no te lo recomiendo si no tienes demasiada experiencia con ella o con los tiempos de cocción de las alubias, que pueden variar mucho de una variedad a otra. Obtendrás un plato muy fácil de hacer y con un contenido nutritivo muy alto.

Ingredientes
para 4 personas:

- 400 g de alubia blanca
- 500 g de almejas
- 2 dientes de ajo
- 500 g de sepia
- Unas hebras de azafrán
- 2 hojas de laurel
- Sal y pimienta
- Aceite de oliva

¡Y listo! Un plato muy agradecido, sobre todo durante los días más fríos del año.

Elaboración:

1. El día anterior, ponemos a remojar las alubias en abundante agua, hasta cubrirlas por completo, para que se ablanden. Si las alubias son a granel, recuerda lavarlas antes.

2. En primer lugar, cortamos la sepia en taquitos del tamaño de un bocado. Después, ponemos a calentar a fuego vivo en una sartén un chorrito de aceite, y cuando esté bien caliente, cocinamos la sepia durante 2 minutos; así evitaremos que después salga esa espumilla tan desagradable a la hora de cocinar las alubias.

3. Añadimos la sepia a las alubias, sin retirarles el agua del remojo, porque la aprovecharemos para la cocción. Agregamos también el azafrán, las hojas de laurel, los dientes de ajo enteros y un chorrito de aceite de oliva.

4. Llevamos a ebullición y dejamos que se cocine de 1 a 3 horas, dependiendo de la variedad de la alubia; lo mejor es ir probando con cierta frecuencia.

5. A media cocción, agregamos sal y pimienta. Lo echamos ahora porque la sal puede provocar que la alubia suelte la piel y no nos interesa que esto ocurra. Si ves que el agua se consume, puedes ir añadiendo.

6. Cuando la alubia esté cocida por completo, incorporamos las almejas. Dejamos cocinar durante 2 minutos más, hasta que se abran y suelten todos sus jugos.

ARANCINI O BOLAS DE ARROZ
RELLENAS

Estas bolas de arroz son muy populares en Sicilia. Están rellenas de salsa boloñesa, de espinacas, de jamón y queso o de lo que quieras. Una vez hechas, se empanan y se fríen.

Ingredientes

para 4 personas:

- 400 g de arroz redondo
- 2 yemas de huevo
- 50 g de guisantes
- Unas hebras de azafrán
- Harina, huevo y pan rallado
- Queso mozzarella fresco
- Relleno al gusto
- Orégano seco
- Sal
- Aceite de oliva

Y listo. Recuerda que puedes ponerles el relleno que más te apetezca.

Elaboración:

1. Ponemos en una olla el doble de agua que de arroz. Cuando rompa a hervir, añadimos el arroz y lo dejamos cocer a fuego medio durante 20 minutos.
2. Mientras, en una sartén ponemos un poquito de agua. Llevamos a ebullición y agregamos las hebras de azafrán. Apartamos del fuego y dejamos que infusione unos minutos.
3. Incorporamos las yemas de huevo y mezclamos. Inmediatamente después, las agregamos al arroz, que estará ya cocido. Echamos orégano y lo mezclamos todo. Dejamos ahora que se enfríe en la nevera, durante 4 horas.
4. Después, formamos las bolas. Cogemos una porción del arroz y, en el centro, ponemos el relleno que deseemos. Agregamos también unos guisantes cocidos y unos tacos de mozzarella fresca, y cerramos con otra porción de arroz. Asegúrate de apretar bien para que no se deshaga después.
5. Pasamos cada bola por harina, huevo y pan rallado, y freímos en abundante aceite, que las cubra casi por completo. Dejamos cocinar durante unos 3 o 4 minutos, asegurándonos de que se doren por todos lados y de que el calor penetre bien hasta el fondo de los arancini. Así, la mozzarella se derretirá y tendremos unas bolas doradas y crujientes.
6. Ponemos sobre papel absorbente antes de servir; así eliminamos el exceso de aceite.

ARROZ **4 DELICIAS**

En lugar de hacer el típico arroz 3 delicias, este será 4 delicias: las verduras, el jamón, el huevo y unas gambitas. Su elaboración es muy sencilla a la par que económica; por menos de 1 € tendremos una ración por comensal.

Ingredientes

para 4 personas:

- 400 g de arroz largo
- 100 g de guisantes
- 1 zanahoria
- 200 g de jamón cocido
- 4 huevos
- 200 g de gambas
- Sal
- Un chorrito de salsa de soja
- Aceite de oliva

Un arroz 4 delicias totalmente casero, muy fácil de hacer y muy barato; una de esas recetas resultonas que nos gustan a todos. ¡Pruébalo!

Elaboración:

1. Cocemos el arroz. Para ello, ponemos a hervir el doble de agua que de arroz en una cazuela. Cuando rompa el hervor, añadimos el arroz y una pizca de sal. Dejamos cocer a fuego medio durante unos 20 minutos, hasta que el arroz esté al dente.

2. Mientras se cuece, pelamos las gambas y las cocemos; para ello, las introducimos en abundante agua hirviendo y las dejamos en torno a 1 minuto. Retiramos y colocamos en agua fría, para cortar la cocción.

3. Cocemos también los guisantes y las zanahorias, estas cortadas en cubos del tamaño de un guisante. Los introducimos en la misma agua donde hemos cocido las gambas y dejamos cocer durante unos 10 minutos, hasta que también queden al dente.

4. Batimos los huevos y agregamos una pizca de sal. Después, los vertemos en una sartén ancha; la idea es hacer con ellos una tortilla muy fina. Cuando se cuaje un lado, simplemente le damos la vuelta con un plato.

5. Con todo cocinado, en un wok o recipiente similar ponemos a calentar un chorrito de aceite a fuego fuerte. Cuando esté caliente, añadimos el arroz, la zanahoria, los guisantes, las gambas y la tortilla cortada en cuadrados. Cocinamos y mezclamos todo durante 1 minuto. Pasado este tiempo, incorporamos salsa de soja, la cantidad justa, volvemos a mezclar y lo servimos de inmediato.

BERENJENAS **RELLENAS DE ARROZ**

Un clásico. Berenjenas rellenas, pero en este caso de arroz, espinacas y otras verduras. Su preparación es fácil y es un plato muy práctico, económico y con ingredientes de andar por casa.

Ingredientes

para 4 personas:

- 4 berenjenas
- 300 g de arroz redondo
- 2 dientes de ajo
- 2 zanahorias
- 1 cebolla
- 1 pimiento rojo
- 200 g de tomate triturado
- 300 g de espinacas frescas
- Queso mozzarella
- Orégano seco
- Sal y pimienta
- Aceite de oliva

*Para cocer las espinacas: Introducirlas en tandas en abundante agua y dejar cocinar durante unos 2 minutos. Pasado este tiempo, retirar e introducir en agua fría, para cortar la cocción.

Elaboración:

1. Cortamos la berenjena en forma de rejilla con un cuchillo afilado. Echamos sobre ella un chorrito de aceite de oliva y la introducimos durante unos 20 minutos en el horno, que habremos calentado a 180 °C, con calor arriba y abajo.

2. En una sartén amplia ponemos a calentar un chorrito de aceite a fuego suave. Cuando esté caliente, añadimos los dientes de ajo, las zanahorias, la cebolla y el pimiento rojo, todo ello picado. Salpimentamos y dejamos cocinar durante unos 10 minutos, mientras removemos con frecuencia.

3. Pasado este tiempo, agregamos la pulpa de la berenjena, que podrá desprenderse de la cáscara ya con mucha facilidad después del horneado. Incorporamos también el tomate triturado, rectificamos de sal y pimienta, y volvemos a mezclar. Dejamos cocinar durante 5 minutos más.

4. Hecho esto, añadimos aquí el arroz ya cocido (recuerda usar el doble de cantidad de agua con sal que de arroz y dejar cocinar a fuego medio durante unos 20 minutos) y las espinacas también cocidas.* Agregamos un poco de orégano seco y mezclamos todos los ingredientes.

5. Ahora rellenamos generosamente las berenjenas con esta mezcla. Espolvoreamos con mozzarella rallada por encima y gratinamos en el horno, a unos 200 °C, hasta que el queso se derrita.

BRÓCOLI CON JAMÓN
Y QUESO GRATINADO

Todos conocemos las propiedades del brócoli, pues es una de las verduras que se consideran superalimentos. Contiene más vitamina C que la naranja y múltiples nutrientes con propiedades anticancerígenas; no obstante, sus vitaminas y nutrientes se pueden perder al hervirlo en agua, por eso es mejor cocinarlo al vapor. Así, mantendrá gran parte de estos nutrientes.

Ingredientes
para 4 personas:

- 2 brócolis
- 500 ml de leche
- 50 g de harina
- 50 g de mantequilla
- 200 g de jamón picado
- 200 g de queso curado (a tu elección)
- Nuez moscada
- Sal y pimienta

¡Y listo! El toque de jamón y queso, acompañado de la salsa bechamel, va a darle un toque muy interesante a este brócoli. ¡Una idea estupenda para que los niños lo coman mejor!

Elaboración:

1. En una olla a presión, echamos como un vaso de chupito de agua. Introducimos aquí el brócoli, sin el tallo inferior, que no es comestible. Cerramos la olla y dejamos cocer durante unos 5 minutos, a contar desde el momento en que el indicador de presión haya subido. Esa agua que hemos echado generará el suficiente vapor para cocinar los brócolis.

2. Mientras se cuece, preparamos una bechamel. En una cazuela, ponemos a derretir la mantequilla a temperatura media. Hecho esto, añadimos la harina y mezclamos con una varilla durante un par de minutos.

3. Agregamos la leche a temperatura ambiente y en un par de tandas; así evitamos los odiosos grumos. Mezclamos hasta que se integre bien con la base de mantequilla y harina.

4. A continuación, rectificamos de sal y pimienta, e incorporamos la nuez moscada. Dejamos cocinar durante unos 10 minutos a temperatura media.

5. Disponemos el brócoli en una bandeja de horno. Sobre él vertemos la bechamel que hemos preparado y espolvoreamos con el jamón picado y con queso rallado.

6. Introducimos en el horno, que habremos calentado a 200 °C, con gratinador. Lo dejamos durante unos 5 minutos, hasta que se gratine el queso.

CHAMPIÑONES RELLENOS
DE AJO Y PEREJIL

Cuando era niño, mis padres solían llevarme a un bar de Vitoria donde comía unos champiñones que me parecían auténtica ambrosía. Los servían sobre pan tostado en aceite de ajo. Yo voy a obviar lo del pan y te voy a mostrar cómo preparar en casa tus propios champis.

Ingredientes

para 4 personas:

- 16 champiñones grandes
- 1 cabeza de ajos
- 1 buen puñado de perejil fresco
- 1 chupito de vino blanco
- Sal y pimienta
- Aceite

Este aperitivo siempre me lleva a mi infancia y por ello quería compartirlo contigo. ¡Pruébalo!

Elaboración:

1. Limpiamos los restos de tierra de los champiñones y les retiramos el pie.
2. Picamos muy finos los pies, los dientes de ajo y el perejil. Reservamos.
3. Pasamos los sombreros de los champiñones por una plancha a fuego vivo. No hay que cocinarlos por completo, sino darles un fuego fuerte durante 1-1½ minuto por cada lado. Reservamos (soltarán agüilla mientras reposan).
4. En otra sartén, ponemos un chorrito de aceite a fuego suave. Añadimos los dientes de ajo picados y dejamos que se cocinen durante un par de minutos.
5. Con el ajo aún blanco, agregamos los pies de los champiñones y una pizca de sal y pimienta. Subimos la potencia a fuego medio y dejamos que se cocine todo mientras removemos con frecuencia durante 3 minutos.
6. Incorporamos el agua que habrán soltado las cabezas de los champiñones y el vino blanco. Subimos aún más la potencia y dejamos que se cocine durante 2 minutos más, hasta que se evapore el alcohol. Por último, le añadimos el perejil y lo mezclamos brevemente.
7. Justo después, rellenamos cada sombrero del champiñón, el hueco que ha quedado al haberle retirado el pie. Después, los introducimos en el horno, que habremos calentado a 200 °C, para que se cocinen durante 10 minutos.

CREMA **DE CALABACÍN**

¡Cuánto juego da el calabacín en la cocina! Es un fruto lleno de propiedades nutritivas, barato, fácil de conseguir y muy agradecido. En este caso, vamos a preparar una crema de calabacín que aderezaremos con más ingredientes y le aportaremos proteínas con un buen caldo de pollo y leche.

Ingredientes

para 4 personas:

- 2 calabacines grandes
- 1 cebolla
- 1 patata
- 50 ml de nata
- 100 g de queso rallado
- 500 g de caldo de pollo
- 500 ml de leche
- Cebollino
- Sal y pimienta
- Aceite de oliva

El aceite de oliva y el cebollino son opcionales, pero, van a proporcionarle un sabor intenso, y el cebollino, además, un toque crujiente. También puedes añadir en su lugar un poco de pan tostado.

Elaboración:

1. Lavamos las verduras, dejamos el calabacín con la cáscara, y las cocemos en el caldo del pollo y la leche. Si no te caben, puedes trocearlas un poco; lo importante es que queden bien sumergidas en el líquido.

2. Cuando todo esté bien cocido y blando, trituramos toda la mezcla con una batidora; después, devolvemos la crema a la misma olla donde lo habíamos cocido todo.

3. Si te ha quedado una crema muy densa, tan solo añade un poco más de caldo o leche. Si te ha quedado muy líquida, deja que cueza a fuego suave durante unos minutos más para que se evapore. Buscamos una cremita más bien líquida, pero con cierto cuerpo.

4. Una vez que hayamos logrado la densidad deseada, añadimos el queso rallado y la nata, que, en su justa medida, va a darle un toque de cremosidad extra. Rectificamos de sal y de pimienta.

5. Servimos en platillos individuales y terminamos de aderezar con un chorrito de aceite de oliva crudo y un poquito de cebollino.

CROQUETAS **DE PURÉ DE PATATA**

Recuerdo que, cuando era niño, mi madre solía comprarme unas bolitas congeladas que me encantaban. Eran unas bolitas de patata y se freían, y me chiflaban como aperitivo o guarnición de otros platos. En esta ocasión, te traigo una evolución de aquella receta, 100 % casera.

Ingredientes
para 4 personas:

- 6 patatas
- 3 yemas de huevo
- 2 cucharadas de mantequilla
- 100 g de jamón picado
- 100 g de queso rallado
- Harina, huevos y pan rallado
- Perejil picado
- Nuez moscada
- Sal y pimienta
- Aceite

Fácil y deliciosa guarnición. También puedes formar bolas más grandes y servirlas como plato principal. ¡Quedan deliciosas!

Elaboración:

1. Cocemos las patatas. Para ello, las introducimos en una olla con abundante agua, llevamos a ebullición y dejamos cocer durante unos 25 minutos. Cuando podamos introducir un cuchillo sin dificultad, estarán hechas.
2. Escurrimos y esperamos a que templen un poco. Después, las pelamos, las troceamos un poco y las ponemos en un cuenco. A continuación, trituramos la patata con ayuda de un tenedor hasta que no queden grumos.
3. Añadimos las yemas de huevo y la mantequilla e integramos ambos ingredientes con la patata.
4. Después, incorporamos el jamón, el perejil picado y el queso —que puede ser parmesano u otro similar, aunque es mejor un queso curado, con sabor—, la nuez moscada y una pizca de sal y pimienta. Mezclamos todos los ingredientes hasta obtener una masa homogénea.
5. Formamos con la masa pequeñas bolitas del tamaño de una canica grande y las pasamos primero por harina; después, por huevo batido, y luego, por pan rallado. Que se embadurnen bien de estos ingredientes.
6. Freímos en abundante aceite, el suficiente para que las cubra por completo. Freímos durante un par de minutos, tiempo suficiente para que se doren por fuera y se calienten por dentro. Retiramos y ponemos sobre papel absorbente, antes de servir.

CROQUETAS **CREMOSAS**

Se dice que se puede juzgar la calidad de la comida de un restaurante por sus croquetas: si están buenas, muy probablemente se coma bien en él. Las croquetas tienen que cumplir con un requisito indispensable: que sean cremosas. No hay nada peor que una croqueta dura o que solo sabe a harina. La clave está en la bechamel y en sus cantidades.

Ingredientes
para 4 personas:

- 200 g de jamón picado
- Unos huesos del jamón
- 1 cebolla
- Sal y pimienta
- 3 huevos
- Pan rallado
- Aceite

Para la bechamel:
- 800 ml de leche
- 200 ml de nata para cocinar
- 90 g de harina
- 90 ml de aceite de oliva
- 1 cucharadita de nuez moscada
- Sal y pimienta

Elaboración:

1. Lo primero, le daremos mayor sabor a lo que más tarde será la bechamel. Para ello, en una cazuela ponemos la leche y la nata, que le proporcionará una cremosidad extra. Si prefieres prescindir de la nata, añade solo 1 l de leche y los huesos del jamón. Calentamos y, cuando esté cerca del punto de ebullición, apagamos el fuego, tapamos y dejamos infusionar durante 1 hora. La leche va a coger un sabor a jamón muy agradable.

2. Hecho esto, en otra cazuela ponemos el aceite. Calentamos a fuego medio y, cuando esté caliente, añadimos la cebolla picada. Salpimentamos y removemos con frecuencia mientras dejamos cocinar durante 15 minutos.

3. Si no quieres poner cebolla, sáltate el paso anterior y pasa directamente a este, aunque la cebolla va a proporcionarle un sutil toque dulce muy interesante y no vamos a encontrar trocitos. Agregamos la harina y mezclamos bien con el resto de los ingredientes. Dejamos tostar a fuego medio durante un par de minutos.

4. A continuación, vamos añadiendo la leche; lo haremos en unas 4 tandas. Echamos la primera y con la ayuda de la varilla, integramos bien con el roux (la mezcla de harina y aceite o mantequilla). Al principio parecerá que queda una masa muy dura, pero vamos bien; añadimos una segunda tanda y volvemos a integrar bien. Repeti-

mos el proceso hasta haber echado e integrado toda la leche.

5. Después, incorporamos el jamón picado y la nuez moscada. Probamos y rectificamos de sal y pimienta. Removemos y dejamos cocinar a fuego suave durante unos 15 minutos.

6. Apagamos el fuego y tapamos la cazuela. Esperamos que atempere un poco y luego la metemos en la nevera para que repose durante una noche entera.

7. Al día siguiente, cogemos una cucharada de la masa, le damos forma de croqueta con las manos o con la ayuda de otra cuchara y después la pasamos por huevo y pan rallado. Reservamos en un plato mientras seguimos haciendo todas las croquetas.

8. Freímos en abundante aceite a unos 170 °C. Debe haber suficiente aceite para cubrir por completo las croquetas; si no, existe el riesgo de que exploten durante la fritura. Pasados 1-2 minutos, retiramos y colocamos sobre papel absorbente.

Puedes hacer estas croquetas también de pollo. Podrías utilizar la carcasa para infusionar la leche. Puedes usar las sobras de un pollo asado o hacer pollo a la plancha y picarlo después; por lo demás, la elaboración sería la misma.

Otro consejo. Puedes bajar la cantidad de aceite y harina; es decir, cuanta menos cantidad de estos dos ingredientes añadas por cada litro de leche, más cremosas te quedarán las croquetas, pero hay que buscar el equilibrio: cuanto más baja sea esta proporción, ¡también costará más darles forma! ¡Puede que incluso se deshagan por completo! Te reto a que experimentes con esto.

ENSALADA 4 QUESOS
CON ALIÑO DE MIEL Y MOSTAZA

Un día probé esta ensalada en un restaurante italiano y desde entonces no puedo dejar de hacerla en casa. A mi pareja y a mí nos encanta. Está aliñada con una salsa de mostaza y miel, todo un acierto, pues combina a la perfección con la lechuga y, sobre todo, con los 4 quesos que la acompañan.

Ingredientes
para 2 personas:

- 1 lechuga romana
- 100 g de queso parmesano
- 100 g de queso mozzarella en bolitas
- 100 g de queso de cabra
- 75 g de queso roquefort
- 50 g de mostaza
- 50 g de miel

Elaboración:

1. Preparamos la salsa mezclando bien la mostaza y la miel. Puedes modificar la proporción de las cantidades en función de si la quieres más dulce, con más miel, o más amarga y picante, con más mostaza.
2. En una ensaladera, ponemos la lechuga cortada en trozos. Puede ser romana, de roble u otra a tu gusto.
3. Sobre ella, disponemos el parmesano cortado en láminas, el queso de cabra, el roquefort en cubitos y la mozzarella entera, si la consigues en bolitas; si solo consigues una bola grande entera, córtala en trozos más pequeños.
4. Sobre la ensalada ya montada, ponemos unas cucharadas de la salsa de miel y mostaza.
5. Servimos y removemos bien antes de consumir.

Esta ensalada es de las más fáciles de hacer que conozco con respecto del resultado final. Es muy resultona. Con este poco trabajo obtendremos un entrante muy muy bueno. Garantizado.

ENSALADA **CAPRESE**

Es una ensalada típica de Italia —concretamente de Capri, al sur del país— muy fácil de hacer. Emula los colores de este país con sus ingredientes: rojo con el tomate, blanco con la mozzarella y verde con la albahaca. Se alinean en una forma bastante peculiar, en forma de circunferencia, y se sirve con un poco de aceite y pimienta.

Ingredientes
para 4 personas:

- 4 tomates
- 400 g de mozzarella fresca en bola
- Unas hojas de albahaca fresca
- Sal y pimienta
- Aceite de oliva

Así de fácil tenemos una original ensalada. A la hora de degustar, se parten y se prueban todos los ingredientes a la vez, de tres en tres. ¡Esta mezcla de sabores combina a la perfección!

Elaboración:

1. Cortamos los tomates en rodajas de aproximadamente ½ dedo de grosor (1 centímetro). Hacemos lo propio con la mozzarella fresca.

2. En la esquina de un plato ancho, comenzamos poniendo una rodaja de tomate; sobre ella, otra de mozzarella, y encima de esta, una hoja entera de albahaca. Vamos repitiendo este proceso hasta terminar de darle la vuelta a todo el plato.

3. Echamos una pizca de sal y pimienta, y terminamos añadiendo un poco de aceite de oliva. Servimos tal cual.

ENSALADA **DE GULAS**

Me encantan las ensaladas templadas, juegan con el contraste de sabores y temperaturas de muchos alimentos. En esta ocasión te traigo una con ingredientes baratos y fáciles de conseguir.

Ingredientes

para 4 personas:

- 1 lechuga hoja de roble
- 1 lechuga normal
- 400 g de gulas
- 2 dientes de ajo
- 10 tomates cherry
- 200 g de gambas o langostinos
- 1 puñado de berros
- 1 puñado de rúcula
- 1 o 2 pimientas de cayena (opcional)
- Sal y pimienta
- Aceite de oliva

Y listo. Una ensalada que se prepara en cuestión de 10 minutos y que es muy práctica. Puedes añadir otros ingredientes a tu gusto, como cebolleta o tomate rojo en rodajas.

Elaboración:

1. Primero preparamos la ensalada. En una ensaladera ponemos las lechugas cortadas en trozos, los berros y la rúcula. Echamos una pizquita de sal, de pimienta y un pequeño chorrito de aceite de oliva. Mezclamos bien para que todos los ingredientes queden colocados uniformemente, dejando un buen hueco en el centro que después rellenarán las gulas.

2. Preparamos las gulas. Para ello, en una sartén, ponemos un chorrito de aceite a calentar a fuego suave. Cuando esté caliente, añadimos los dientes de ajo bien picados y las pimientas de cayena, si queremos un toque picante. Dejamos que se cocinen aquí un par de minutos.

3. Cuando cojan color, agregamos las gambas o los langostinos ya pelados. Subimos la potencia del fuego y removemos. Dejamos 1-2 minutos más, hasta que también cojan color.

4. Hecho esto, incorporamos las gulas, retiramos del fuego y mezclamos todos los ingredientes. Las gulas no es necesario salarlas ni cocinarlas, tan solo que se calienten.

5. Añadimos esta preparación al hueco que habíamos preparado antes.

6. Terminamos colocando encima unos tomates cherry cortados por la mitad y servimos.

ENSALADA **DE ARROZ**

En verano, lo que mejor entra son las ensaladas, pero a veces nos aburre la típica de lechuga. Para la elaboración de esta ensalada no vamos a utilizar ni una sola hoja.

Ingredientes
para 4 personas:

- 400 g de arroz redondo
- 1 pimiento rojo
- 1 pimiento verde
- 200 g de palitos de cangrejo
- 200 g de aceitunas verdes
- 200 g de guisantes
- 100 g de maíz fresco
- 2 latas de atún
- Aceite de oliva
- Vinagre balsámico de Módena
- Sal y pimienta

Elaboración:

1. Cocemos el arroz. Para ello, en una cazuela, introducimos el doble de agua que de arroz. Calentamos y cuando rompa a hervir añadimos el arroz. Dejamos cocer en torno a 20 minutos, hasta que esté al dente.
2. Cocemos también los guisantes. Los introducimos en abundante agua hirviendo y dejamos cocer durante unos 10 minutos. Si son de calidad, puedes utilizar de bote, que ya vienen cocidos.
3. Con todo ello ya cocido y frío, introducimos en una ensaladera estos dos ingredientes. Añadimos, además, el atún en trozos, las aceitunas verdes y los palitos de cangrejo en rodajas, el pimiento verde y el rojo picados, y el maíz.
4. Regamos con un chorrito de aceite de oliva y de vinagre balsámico. Mezclamos bien todos los ingredientes y espolvoreamos con pimienta recién molida. Servimos.

Puedes sustituir o añadir ingredientes a tu gusto, como zanahorias, gambas o langostinos cocidos, aceitunas negras, alcaparras...

ENSALADILLA RUSA CON MAYONESA
ADEREZADA AL JUGO DE GAMBAS

Una ensaladilla rusa como la que conoces, pero aderezada con caldo de gambas concentrado; una ensaladilla top.

Ingredientes
para 4 personas:

- 2 patatas medianas
- 2 zanahorias
- 50 g de guisantes
- 50 g de aceitunas
  verdes rellenas
- 2 huevos
- 100 g de pepinillos
- 2 latas de atún
- Unas tiras de pimiento
  rojo asado
- 200 g de gambas
  frescas

Para la mayonesa:
- 1 huevo
- 200 ml de aceite
  de girasol
- Sal
- Zumo de ½ limón

Elaboración:

1. Pelamos las gambas. Llenamos una cazuela con agua y las cocemos durante 1 minuto. Luego las retiramos y las metemos en agua fría, para cortar su cocción de inmediato.

2. En esta misma agua, introducimos las cáscaras y las dejamos cocer durante 20 minutos, hasta obtener un caldo. Pasado este tiempo, lo colamos y volvemos a introducirlo en la misma cazuela.

3. Dejamos que siga cociendo, ya sin las cáscaras; lo que buscamos es que el agua se evapore y lograr un vaso de chupito, más o menos, de caldo concentrado.

4. Mientras se concentra el caldo, cocemos los demás ingredientes. Primero, la patata (25 minutos), la zanahoria (20 minutos), los guisantes (15 minutos) y los huevos (10 minutos). No los introducimos todos a la vez, pues cada ingrediente tiene su tiempo de cocción.

5. Preparamos la mayonesa. En un recipiente alto ponemos el huevo, el aceite y una pizca de sal. Metemos una batidora hasta el fondo y batimos sin moverla. Pasados unos 10 segundos, levantamos un poco sin parar de batir. Después de unos pocos segundos más, ya podemos batir con tranquilidad, pues ya no va a cortarse. Una vez lista, añadimos el caldo concentrado y el zumo de limón, y mezclamos bien.

6. En un cuenco, ponemos todos los ingredientes cortados en trozos más o menos del mismo tamaño, salvo el pimiento rojo y las yemas de huevo, que los reservamos. Los guisantes los introducimos enteros, y el atún, en trozos algo más grandes. Añadimos la mayonesa y mezclamos.

7. Decoramos con yema rallada y tiras de pimiento rojo.

ESPAGUETIS A LA AUTÉNTICA
CARBONARA

Poca presentación necesita este plato. Todos conocemos su origen, Italia, pero lo que no todo el mundo sabe es que la salsa carbonara original NO lleva nata, solo huevo y queso.

Ingredientes
para 4 personas:

- 400 g de espaguetis
- 200 g de queso parmesano o similar
- 4 yemas de huevo
- 100 g de beicon
- Sal y pimienta

Dos curiosidades: no está claro el origen del nombre carbonara. Algunos dicen que es por el color oscuro de la pimienta que recuerda el carbón; otros, porque era un plato tradicional de los mineros de los Apeninos. La receta original data del siglo XIX y no tenía beicon. Fueron los estadounidenses quienes lo añadieron, cuando invadieron Italia en la segunda guerra mundial.

Elaboración:

1. Cocemos la pasta. Para ello, la introducimos en abundante agua hirviendo con un buen puñado de sal. Dejamos cocer unos 10 minutos, hasta que esté al dente.
2. Mientras se cuece, freímos el beicon. Vamos a hacerlo en su propia grasa, es decir, que no necesitamos aceite. Lo ponemos en una sartén a fuego fuerte y lo cocinamos aquí unos 3 minutos, hasta que quede dorado y crujiente.
3. En un cuenco, ponemos el queso rallado y las yemas de los huevos; puedes añadir las claras también, pero le darán una textura como de «tortilla» que, personalmente, no me gusta mucho. Batimos bien ambos ingredientes hasta obtener una pasta anaranjada.
4. En este punto introducimos los espaguetis recién cocinados y escurridos. Esto es importante, ya que será el calor residual de estos el que cocine el huevo. Añadimos también el beicon y mezclamos bien todos los ingredientes. Que la pasta absorba bien la salsa carbonara.
5. Emplatamos y espolvoreamos con pimienta negra recién molida, ¡ingrediente indispensable en unos buenos espaguetis carbonara!

HUEVOS **NAPOLEÓN**

Cuenta la leyenda que este plato era uno de los preferidos de Napoleón, de ahí su nombre. Queda muy rico y viene estupendamente para salir de la rutina de los típicos huevos fritos para cenar.

Ingredientes
para 4 personas:

- 4 huevos
- 1 pimiento verde
- 2 dientes de ajo
- 1 cebolla
- 200 g de pan tostado en cubos
- 200 g de queso mozzarella rallado
- Sal y pimienta
- Aceite de oliva

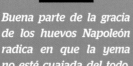

Buena parte de la gracia de los huevos Napoleón radica en que la yema no esté cuajada del todo, como ocurre con los huevos fritos. Ten en cuenta esto para que no se te cuaje demasiado durante el horneado.

Elaboración:

1. Cortamos los dientes de ajo por la mitad y untamos bien con ellos unos platos de barro individuales u otro recipiente similar que aguante bien el calor. Cocinaremos en ellos la receta.

2. A continuación, picamos este mismo ajo y lo introducimos en una sartén con un poquito de aceite y a fuego medio. Añadimos las cebollas y el pimiento verde, también picados. Salpimentamos y dejamos que se cocine durante unos 10 minutos, mientras removemos de vez en cuando.

3. Cuando toda la verdura esté blanda, agregamos unas cucharadas de este sofrito en el fondo de los platos de barro. Sobre él, ponemos un poco del pan tostado cortado en cubos (para hacerlo, puedes cortar unas rebanadas de pan del día anterior en cubos y tostarlas en el horno o en una sartén con un poco de aceite) y lo cubrimos todo con un puñado de mozzarella rallada.

4. Hacemos un hueco en el centro y añadimos el huevo en él. Salpimentamos el huevo y metemos los platos en el horno que habremos calentado a 200 °C, calor arriba y abajo. Dejamos que se hornee durante unos 10 minutos, hasta que el huevo esté cocinado por completo, pero la yema no haya terminado de cuajar del todo.

HUEVOS RELLENOS DE CARNE
CON BECHAMEL

Unos huevos rellenos gratinados muy fáciles de hacer y muy resultones.

Ingredientes

para 4 personas:

- 12 huevos
- ½ cebolla
- ½ pimiento rojo
- ½ pimiento verde
- 300 g de carne picada mitad cerdo mitad ternera
- 200 g de tomate triturado
- Una cucharada de orégano seco
- Queso curado rallado
- Sal y pimienta
- Aceite

Elaboración:

1. Introducimos los huevos en una cazuela con abundante agua para cubrirlos por completo. Calentamos y dejamos cocer durante 10 minutos.
2. Pasado este tiempo, desechamos el agua y dejamos enfriar. Mientras tanto, en una sartén, ponemos un chorrito de aceite a calentar a fuego suave. Cuando esté caliente, añadimos la cebolla y el pimiento rojo picados. Salpimentamos y dejamos cocinar durante unos 5 minutos, mientras removemos de vez en cuando.
3. Como su tiempo de cocción es algo menor, añadimos ahora el pimiento verde también picado. Mezclamos y seguimos cocinando 5 minutos más.
4. Añadimos el tomate triturado y el orégano. Volvemos a mezclar y a cocinar durante otros 5 minutos más.
5. A continuación añadimos la carne picada. La salpimentamos y vamos desmenuzándola para que quede bien suelta.
6. Dejamos que todo se cocine durante unos pocos minutos más. Mientras tanto, pelamos los huevos y los cortamos por la mitad, a lo largo. Con la ayuda de una cucharilla, extraemos la yema, que introduciremos en la sartén para integrarla con los demás ingredientes.
7. Rellenamos cada huevo siendo generosos. Tiene que cabernos todo dentro de ellos. Espolvoreamos con un poco de queso rallado e introducimos los huevos al horno con gratinador, a 200 °C.
8. Pasados unos 5 minutos, cuando el queso esté gratinado, servimos de inmediato.

MACARRONES **BOLOÑESA**

Se suele decir que la mejor pasta para la salsa boloñesa son los macarrones, pero puedes elegir la que más te guste.

Ingredientes
para 4 personas:

- 400 g de pasta
- 1 kg de carne picada mitad cerdo mitad ternera
- 2 cebollas
- 3 zanahorias
- 2 hojas de apio
- 1 kg de tomate triturado
- 1 vaso de vino tinto
- ½ vaso de leche
- 1 cucharada de orégano seco
- 1 cucharadita de tomillo
- Sal y pimienta
- Aceite de oliva

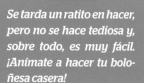

Se tarda un ratito en hacer, pero no se hace tediosa y, sobre todo, es muy fácil. ¡Anímate a hacer tu boloñesa casera!

Elaboración:

1. En una sartén, ponemos a calentar a fuego suave un chorrito de aceite. Agregamos las zanahorias, las cebollas y el apio, todo bien picado. Salpimentamos y dejamos que se cocine mientras removemos de vez en cuando con una cuchara de madera.

2. Pasados unos 10 minutos, añadimos la carne picada ya salpimentada. La desmenuzamos para dejarla bien suelta y para integrarla con las hortalizas. Dejamos que se cocine durante 2-3 minutos, hasta que pierda el color a crudo.

3. Añadimos el tomate, el orégano y el tomillo. Integramos bien y dejamos que se cocine durante 10 minutos más.

4. Ahora añadimos el vino. Mezclamos, subimos la potencia del fuego y esperamos un par de minutos para que se evapore el alcohol.

5. Vertemos la leche. Este ingrediente es muy de *nonna* italiana. Un poco de leche va a darle mucha cremosidad a la boloñesa. Volvemos a mezclar con el resto de los ingredientes.

6. Tapamos y dejamos cocer a fuego muy suave durante un buen rato. ¿Cuánto exactamente? Pues las boloñesas más típicas suelen ser bastante densas. Así pues, entre 30 minutos y 2 horas, en función de tu gusto, y a fuego suave. Recuerda removerlo de vez en cuando para asegurarte de que no se pegue en la sartén.

7. Servimos junto a la pasta que más nos guste.

MENESTRA **PALENTINA**

Esta ciudad me acogió durante casi una década; en ella comenzaron mis pinitos primero como cocinero y después como youtuber *y bloguero. La menestra de Palencia es muy famosa y se distingue porque parte de sus verduras están rebozadas.*

Ingredientes

para 4 personas:

- 1 kg de verduras de temporada: para mí, indispensables los guisantes, las acelgas y las alcachofas. Puedes emplear, además, coliflor, coles, judías verdes, espinacas, etc.
- 1 cebolla
- 2 zanahorias
- 2 dientes de ajo
- 200 g de jamón picado
- 2 huevos cocidos
- Pimiento rojo cortado en tiras
- 1 cucharada de harina
- ½ vaso de vino blanco
- Harina y 3 huevos, para rebozar
- Sal y pimienta
- Aceite

Elaboración:

1. Llenamos una cazuela de agua y llevamos a ebullición. Añadimos una buena pizca de sal y cocemos en ella las verduras, metiendo primero las que más tarden en cocerse. Primero la coliflor, luego las alcachofas, los guisantes y, al final, las acelgas.
2. Cuando estén cocidas, reservamos las partes más grandes para empanar, y las demás, las añadimos tal cual a la menestra. Para empanar: partimos las coles, las alcachofas, las pencas de las acelgas en trozos, las pasamos por harina y huevo batido y las freímos. Reservamos.
3. En otra cazuela, ponemos a calentar un chorrito de aceite a fuego suave. Añadimos los ajos laminados y la cebolla y la zanahoria picadas. Salpimentamos y cocinamos durante 5 minutos.
4. Añadimos el jamón y cocinamos durante 5 minutos más.
5. Agregamos el vino blanco. Esperamos 1 minuto a que el alcohol se evapore.
6. A continuación, incorporamos la cucharada de harina, integramos y cocinamos durante un par de minutos más.
7. Vertemos el agua donde hemos cocido las verduras. Añadimos también estas verduras, tanto las que están rebozadas como las que no, y los huevos cocidos cortados por la mitad. Dejamos cocer durante 5 minutos.
8. Decoramos con un poco de pimiento rojo en tiras y servimos.

"PAPAS" ARRUGADAS
CON MOJO PICÓN

Una receta típica de la gastronomía canaria. Aunque allí lo hacen con la típica papa roja canaria, se pueden usar patatas de tamaño pequeño. Uno de sus secretos es conseguir que la piel adquiera una ligera capa de sal; de esa forma quedan arrugadas y crujientes en la superficie y en su punto de sal en el interior. El otro está en la salsa: el mojo picón. El auténtico contiene unos pimientos muy difíciles de encontrar en la península: como la pimienta picona o el pimiento palmero. Es una salsa muy sabrosa que, eso sí, pica muchísimo, pero con este nombre no debería sorprendernos, ¿no?

Ingredientes
para 4 personas:

- 500 g de papa pequeña
- 1 puñado generoso de sal gorda
- 4 o 5 dientes de ajo
- 1 pimiento choricero o una ñora
- 2 o 3 pimientas de cayena
- 1 cucharadita de pimentón
- 1 cucharadita de comino
- 1 chorrito de vinagre blanco
- 100 ml de aceite de oliva
- Una pizca de sal fina

Elaboración:

1. Como vamos a cocinarlas y a servirlas con la piel, lavamos bien las papas. Para ello, las ponemos bajo el grifo y les quitamos todos los restos de tierrecilla.

2. Una vez que estén bien limpias, las metemos en una cazuela del tamaño necesario para que quepan todas sin amontonarlas. Llenamos de agua hasta que queden cubiertas, pero tampoco del todo; que en torno a un dedo de la papa se mantenga en la superficie. Añadimos la sal gorda y llevamos a ebullición. Cocinamos sin tapar unos 15 minutos, hasta que estén blandas. Para saberlo, nada como clavarles un cuchillo o un palillo: si este entra y sale sin dificultad, es que ya están.

3. Retiramos el agua que haya quedado en la cazuela y dejamos las papas dentro. Devolvemos al fuego, ya sin agua y a temperatura muy suave. Ahora, movemos la cazuela con movimientos circulares y haciendo saltar brevemente las papas dentro de ella. Poco a poco veremos que las papas comienzan a arrugarse y empieza a aparecer en la piel ese color blanco característico por acción de la sal. Ya tenemos las papas arrugadas listas.

4. Preparamos el mojo. Para ello, en un mortero introducimos los ajos troceados, el comino, las cayenas, el pimentón, el aceite de oliva, el vinagre y el pimiento choricero o la ñora, previamente hidratada (solo hay que introducirla en agua durante una hora). Trituramos un poco con el mismo mortero.

5. Al final, obtendrás una deliciosa salsa con pequeños trocitos del ajo y demás ingredientes. El paso anterior puedes hacerlo en una batidora también, lo que te proporcionará una salsa más lisa y homogénea. A continuación, servimos las patatas con unas cucharadas de la salsa encima. Mejor servir en caliente.

Me recuerda un poco a las patatas bravas que se sirven en toda la península, aunque no en su sabor ni en su elaboración, sino más que nada porque son unas patatas con una salsa encima que pica como un diablo. No obstante, puedes jugar con las cantidades y hacerla más o menos picante, a tu gusto. Menos ajo y menos cayena darán como resultado una salsa más suave. Sea como sea que la hagas, ¡pruébalas! ¡Te sorprenderán!

PATATAS **BRAVAS**

Hay muchas maneras de hacer unas patatas bravas: cocidas, fritas, con o sin mayonesa... Los mayores defensores de esta receta aseguran que la auténtica salsa brava no lleva tomate ni guindilla picante. Nosotros vamos a hacerla solo con pimentón para darle color y picor.

Ingredientes
para 4 personas:

- 4 patatas medianas
- 1 cebolla
- 1 cucharada de harina
- 1 cucharada de pimentón dulce
- 1 cucharada de pimentón picante
- 500 ml de caldo de pollo (o agua)
- Sal
- Aceite de oliva

Elaboración:

1. Ponemos un buen chorro de aceite a calentar a fuego suave en una sartén. Cuando esté caliente, añadimos la cebolla picada. Salpimentamos y cocinamos durante unos 15 minutos.

2. Cuando esté blandita, incorporamos el pimentón dulce y el picante. Puedes cambiar las proporciones en función de lo que te guste el picante. Retiramos la sartén del fuego, mezclamos rápidamente y cocinamos durante unos 10 segundos.

3. Añadimos la harina. Devolvemos al fuego y volvemos a mezclar. Dejamos cocinar durante 2 minutos.

4. Vertemos el caldo o, si no tienes, el agua. No te pases; mejor añadir menos y rectificar después si fuese necesario. Mezclamos bien. Dejamos cocinar durante unos 5 minutos más.

5. Lo ponemos en una batidora y lo trituramos bien, que quede una masa homogénea. Luego devolvemos a la sartén.

6. Si te ha quedado muy densa, añádele un poco más de caldo. Si queda demasiado líquida, dejamos cocer a fuego suave unos minutos, hasta que reduzca. Cuando esté lista, rectificamos de sal y pimienta.

7. Servimos sobre unas patatas cortadas en cubos (cocidas en agua, cocidas para después freírlas o tan solo fritas). Puedes acompañarlas con una ajonesa o servirlas solo con la salsa brava.

PORRUSALDA **VASCA**

Porrusalda en euskera significa «caldo de puerro» y, básicamente, en esto consiste la receta: una especie de sopa de puerro y patata. Hoy en día existen recetas mucho más elaboradas que la original, se le añade caldo y trozos de bacalao, zanahoria, cebolla, caldo y pedazos de pollo... Al añadir estos ingredientes, se pierde un poco la esencia. Por ello, aquí vamos a hacer la más tradicional de todas las porrusaldas, que queda espectacular y también la convierte en una receta supereconómica.

Ingredientes

para 4 personas:

- 6 puerros
- 4 patatas
- Sal y pimienta
- Aceite de oliva

La técnica del sofrito previo antes de echar el agua, el paso 2, es clave; es lo que va a hacer que la porrusalda coja gustillo sin necesidad de añadir ingredientes extra. ¡Pruébalo!

Elaboración:

1. Limpiamos los puerros y los cortamos en trozos de bocado. Pelamos las patatas y las cortamos en cubos más o menos del mismo tamaño.

2. En una cazuela ponemos a calentar a fuego fuerte el aceite. Cuando esté caliente, añadimos los puerros y las patatas. Removemos sin parar mientras dejamos que se tuesten las hortalizas en este aceite durante un par de minutos.

3. Pasado este tiempo, lo cubrimos todo con agua. Añadimos sal y pimienta, y dejamos cocer todo a fuego medio durante unos 20 minutos. Que la patata no se deshaga.

4. Ya está listo. Esta receta se puede servir de inmediato o se puede dejar reposar un día. Es el típico guiso que de un día para otro queda también muy bueno.

RABAS DE CALAMAR
100 % CASERAS

Aquí traigo un aperitivo muy típico español: unas rabas caseras. Para su elaboración, concretamente para la pasta orly, que es el rebozado de las rabas, vamos a necesitar muy pocos ingredientes, y el resultado, será delicioso. Triunfarás seguro.

Ingredientes

para 4 personas:

- 1 kg de anillas de calamar
- 200 g de harina de trigo
- 200 ml de cerveza refrigerada
- 1 huevo
- Sal y pimienta
- Azafrán (opcional)

Las rabas son muy fáciles de hacer y no llevan mucho tiempo. Una sugerencia: cambia las anillas de calamar por gambas y tendrás las famosas gambas en gabardina, aunque, en este caso, añádele a la masa una pizca de bicarbonato, para que fermente más.

Elaboración:

1. En un cuenco, ponemos la harina y la cerveza, que debe estar muy fría; así, el rebozado posterior quedará más crujiente. Añadimos también el huevo, una pizca de sal y de pimienta. Opcionalmente, puedes añadir también azafrán, si deseas realzar los sabores y obtener una masa más dorada.

2. Mezclamos todo con una varilla. Al final, debe quedar una masa sin grumos, con cuerpo, pero no demasiado densa, que se pegue un poco a la varilla, pero que caiga enseguida, aunque puedes hacerla más o menos densa en función de la cantidad de rebozado que quieras que tengan las rabas (cuanto más denso, más rebozado tendrán).

3. Introducimos en pequeñas tandas las anillas del calamar, previamente salpimentadas, en esta masa. Las impregnamos bien y luego las sacamos procurando retirar el exceso de masa. Introducimos de inmediato en abundante aceite muy caliente. Es mejor realizar este proceso en pequeñas tandas, para que el aceite no se enfríe ni las rabas se peguen entre sí.

4. Freímos durante un par de minutos, hasta que el rebozado esté bien dorado. Retiramos del aceite y dejamos reposar durante un par de minutos en una rejilla, para que se mantengan crujientes.

REVUELTO **CREMOSO DE SETAS**

Voy a compartir contigo una forma de hacer revueltos que me encanta. Se hace en 5 minutos. Puedes usar setas, pero también ajetes, espárragos verdes y lo que se te ocurra.

Ingredientes
para 4 personas:

- 1 docena de huevos
- 200 g de setas
- 4 dientes de ajo
- Sal y pimienta
- Un puñadito de perejil fresco

Prueba este revuelto. ¡Verás qué rico!

Elaboración:

1. En una cazuela (no sartén) ponemos un chorrito de aceite a fuego suave. Añadimos los dientes de ajo laminados y dejamos cocinar un par de minutos. Que no cojan color.

2. Agregamos las setas, removemos y cocinamos 2 minutos.

3. Mientras tanto, ponemos los huevos en un cuenco. Con esta proporción (12 huevos), vamos a colocar dos yemas sin la clara; es decir, ponemos diez huevos enteros y solo la yema de los otros dos.

4. Luego incorporamos los huevos enteros sin batir ni nada. Reservamos la sal para más adelante. Con una cuchara y a fuego medio, lo removemos todo constantemente, ya dentro de la cazuela. Así, mezclamos los huevos con las setas y el ajo, y comenzamos con el revuelto en sí.

5. Controlamos la temperatura del fuego; si se calienta demasiado, apartamos la cazuela del fuego. Cuando baje, la ponemos de nuevo en el fuego. No dejamos de remover en ningún momento. En pocos minutos, el revuelto irá cogiendo consistencia. Debes buscar un punto en el que el huevo no esté crudo del todo y tenga cierto cuerpo, pero sin estar pasado de cocción o si no será de todo menos cremoso.

6. Retiramos del fuego y, ahora sí, añadimos una pizca de sal y de pimienta. Lo hacemos ahora porque la sal cambia la química de los huevos y no quedarían bien. Agregamos también un chorrito de aceite en crudo y mezclamos brevemente.

7. Emplatamos de inmediato para cortar la cocción. Espolvoreamos con perejil picado.

RISOTTO **DE HONGOS**

El risotto es una preparación italiana muy diferente a los arroces que hacemos en España. Lo que se busca es que el arroz suelte su almidón para que quede muy meloso. Para ello, hay que removerlo constantemente y el caldo se echa poco a poco en lugar de todo a la vez. Se puede acompañar con casi todo, pero casa estupendamente con unas setas.

Ingredientes

para 4 personas:

- 400 g de arroz redondo
- 200 g de setas
- 1 cebolla
- 1 vaso de vino blanco
- 800 ml de caldo de pollo
- 100 g de mantequilla
- 100 g de queso parmesano rallado
- Aceite de oliva
- Sal y pimienta

Un arroz muy diferente al que estamos acostumbrados. ¡Te sorprenderá!

Elaboración:

1. En una cazuela, ponemos a calentar a fuego medio un chorrito de aceite. Cuando esté caliente, añadimos la cebolla picada. Salpimentamos y removemos con frecuencia mientras cocinamos durante unos 10 minutos.
2. Agregamos las setas, de la variedad que más te guste. Si son muy grandes, las troceamos un poco; si son pequeñas, las incorporamos enteras. Cocinamos durante 5 minutos más.
3. Pasado este tiempo añadimos el arroz. Volvemos a mezclarlo todo y sofreímos 1 minuto más.
4. Añadimos el vino blanco. La elaboración del risotto comienza ahora. Sin parar de remover, mezclamos a fuego medio hasta que el arroz absorba todo el vino.
5. Incorporamos un cucharón del caldo, mucho mejor si está caliente y en su punto de sal. Seguimos mezclando constantemente hasta que, de nuevo, el arroz absorba el caldo.
6. Echamos otro cucharón y seguimos removiendo hasta que el arroz lo absorba. Cuando lo haya hecho, repetimos el proceso y así hasta terminar con todo el caldo. El arroz tardará en hacerse entre 15 y 20 minutos. Recuerda añadir el caldo poco a poco y remover constantemente; este es el secreto del risotto.
7. Una vez que lo tengamos listo, apagamos el fuego. Añadimos la mantequilla y el queso, y volvemos a mezclar brevemente. Servimos de inmediato.

SOPA **DE AJO**

Una sopa muy modesta que se preparaba con los ingredientes que hubiera en la cocina. Hoy en día cuenta con muchas variantes.

Ingredientes
para 4 personas:

- 8 dientes de ajo
- 75 g de pan del día anterior
- 1 cucharada de carne de pimiento choricero
- 1 cuchara de pimentón picante
- 1 cucharada de salsa de tomate
- Unos huesos de jamón
- 200 g de jamón picado
- 2 huevos
- Aceite de oliva
- Sal y pimienta

Una receta sencilla, pero muy resultona. Si la quieres más líquida, añade más caldo. Si te gusta espesa, agrega más pan al principio o huevo al final.

Elaboración:

1. Hacemos un caldo de jamón. Para ello, ponemos los huesos del jamón en una cazuela y cubrimos con una cantidad generosa de agua. Calentamos y dejamos cocinar a fuego suave durante una hora.
2. Hecho esto, en otra cazuela ponemos un chorrito de aceite y lo calentamos a fuego suave. Añadimos los dientes de ajo bien picados y dejamos que aromaticen el aceite con su sabor. Es importante que no cojan color.
3. Incorporamos a continuación el pan cortado en cubos y removemos. Subimos un poco la potencia del fuego y dejamos cocinar durante otros 3 minutos más.
4. Agregamos el jamón. Subimos un poco más la potencia del fuego y removemos. Dejamos cocinar durante un par de minutos más.
5. Añadimos la salsa de tomate, el pimiento choricero y el pimentón. Apartamos del fuego y mezclamos. A continuación, devolvemos al fuego, cubrimos con el caldo y dejamos cocer a fuego medio durante unos 30 minutos.
6. Pasado este tiempo, retiramos un momento la olla del fuego. Introducimos los huevos, previamente batidos, y lo mezclamos todo de inmediato para evitar que el huevo se cuaje de golpe y para que se disperse por toda la sopa. No olvides rectificar de sal en este momento (el jamón y el pan ya la llevan).

SOPA DE PESCADO
AL ESTILO "MI MADRE"

Las mejores maestras culinarias son nuestras madres y abuelas. Recetas de sopa de pescado hay miles. Mi madre prepara una que me encanta. Hoy quiero compartirla contigo.

Ingredientes
para 4 personas:

- 250 g de rape
- 250 g de merluza
- 250 g de gambas
- 250 g de sepia
- 1 cebolla
- 250 g de almejas
- 300 g de tomate triturado
- 1 cucharada de pimentón
- 2 huevos cocidos
- 30 g de pan del día anterior
- Sal y pimienta
- Aceite de oliva

Una sopa con trocitos de pan integrados y deshechos en ella, con su huevito cocido, que le da un toque de cremosidad, y con un caldo con mucha personalidad: cocina de madre, cocina deliciosa.

Elaboración:

1. En una cazuela, echamos las cabezas, las espinas del rape y de la merluza, y las cáscaras y cabezas de las gambas. Reservamos la carne de cada pescado. Lo cubrimos todo con abundante agua y lo llevamos a ebullición. Dejamos cocer durante 20 minutos a fuego suave.

2. Mientras se hace, preparamos un sofrito. En otra cazuela, ponemos a calentar un chorrito de aceite a fuego suave. Luego añadimos la cebolla picada, salpimentamos y dejamos que se cocine durante unos 10 minutos, mientras removemos con frecuencia.

3. Pasado este tiempo, agregamos la sepia en cubos y el pan cortado fino. Subimos un poco la potencia del fuego, removemos y cocinamos durante 3 minutos; así evitamos que la sepia suelte esa espuma tan desagradable.

4. Incorporamos el rape, cortado también en cubos, y las gambas cortadas por la mitad. Integramos y cocinamos durante un par de minutos más.

5. Añadimos la merluza en trozos del mismo tamaño. Salpimentamos e integramos, y después añadimos el tomate triturado y la cucharada de pimentón. Dejamos cocinar durante 5 minutos más.

6. Ahora, vertemos bien colado el caldo que acabamos de preparar. Dejamos que se cocine todo a fuego medio durante unos 15 minutos más.

7. Añadimos los huevos cocidos picados y las almejas. Rectificamos de sal y pimienta y lo cocinamos todo durante 3 minutos más.

SOPA **MINESTRONE**

La sopa minestrone es de origen italiano, con mucha verdura y mucha personalidad. Podemos hacerla sin caldo, porque este se hará con el agua de cocer las alubias y con las mismas verduras.

Ingredientes
para 4 personas:

- 50 g de alubias blancas
- 2 dientes de ajo
- 1 cebolla
- 1 rama de apio
- 30 g de judías verdes
- 1 tomate
- 2 zanahorias
- 2 láminas de lasaña
- 1 hoja de laurel
- Unas hebras de azafrán
- Perejil y albahaca frescos
- Sal y pimienta
- Aceite de oliva

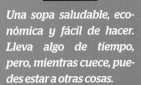

Una sopa saludable, económica y fácil de hacer. Lleva algo de tiempo, pero, mientras cuece, puedes estar a otras cosas.

Elaboración:

1. La noche anterior, ponemos las alubias en remojo con abundante agua.
2. Al día siguiente, en una cazuela, ponemos un chorrito de aceite de oliva a calentar a fuego medio. Cuando esté caliente, añadimos la cebolla cortada en finas tiras, el ajo picado y la zanahoria en cubitos. Salpimentamos y cocinamos durante 5 minutos.
3. Agregamos el resto de las verduras cortadas en trozos pequeños. El tomate, muy bien picado y pelado. Integramos bien y cocinamos durante 5 minutos más.
4. A continuación, añadimos las alubias junto al agua de su remojo. Agregamos más agua para cubrir bien todos los ingredientes. Además, incorporamos la hoja de laurel y el azafrán. Echamos un poco de sal y pimienta, y dejamos cocer durante una hora u hora y media.
5. Mientras tanto, cocemos las láminas de la lasaña, puedes hacerlo en la misma sopa. Para ello, tan solo introdúcelas y retíralas pasados unos pocos minutos. La idea es reblandecerlas un poco para que podamos cortarlas después.
6. Cuando las alubias estén casi hechas, cortamos las lasañas en cuadraditos también pequeños, los introducimos en la sopa y dejamos que termine de cocinarse todo durante unos 15 minutos más.
7. Rectificamos de sal y pimienta. Emplatamos y espolvoreamos con un poco de perejil y albahaca picados.

TALLARINES **EN SALSA DE QUESO**

Esta receta sorprende por lo fácil que es, por lo rápido de su preparación y por el resultado final. Cuenta con muy pocos ingredientes, todos fáciles de lograr y al alcance de la mano.

Ingredientes
para 4 personas:

- 400 g de tallarines
- 3 dientes de ajo
- 200 g de nata para cocinar
- 300 g de queso rallado
- 1 puñado de perejil fresco
- Sal y pimienta
- Aceite de oliva

Quien dice tallarines, también dice espaguetis, pappardelle o similar. También podrías utilizar pasta gruesa, como macarrones, pero esta salsa queda mejor con pasta fina, como las mencionadas antes. Sea como sea, prueba a hacerla. ¡En cuestión de 15 minutos tendrás un platazo espectacular!

Elaboración:

1. Cocemos los tallarines. Para ello, los introducimos en abundante agua con un buen puñado de sal. Dejamos cocer hasta que estén al dente.

2. Mientras se hacen, preparamos la salsa. En una sartén ancha, ponemos a calentar a fuego suave un chorrito de aceite. Cuando esté caliente, incorporamos los dientes de ajo bien picados y dejamos que se cocinen durante unos minutos.

3. Cuando comiencen a coger color, añadimos la nata. Mezclamos bien con una cuchara.

4. Ahora añadimos el queso rallado. Volvemos a mezclar y lo integramos bien con la nata.

5. Cuando los tallarines estén listos, los escurrimos, reservando algo del caldo de la cocción. Acto seguido, los introducimos en la salsa y mezclamos bien.

6. Si vemos que la salsa queda algo densa y seca, incorporamos un poco del caldo de la cocción. Este caldo va a darle cremosidad a la salsa y potenciará sus sabores. Volvemos a mezclar sin retirar del fuego.

7. Cuando adquiera la densidad que deseamos, retiramos del fuego y emplatamos de inmediato. Espolvoreamos con un poco de pimienta y de perejil picado, y servimos.

SEGUNDOS PLATOS/
PLATO ÚNICO

ALBÓNDIGAS DE MERLUZA
EN SALSA VERDE

Una estupenda idea para incorporar más pescado a nuestra dieta. Tan fáciles de hacer como las convencionales. La salsa verde les viene al pelo.

Ingredientes
para 4 personas:

- 500 g de merluza en lomos
- 4 dientes de ajo
- 250 de gambas
- 1 huevo
- 100 g de miga de pan
- Leche
- Harina
- Un manojo de perejil picado
- 200 ml de vino blanco
- 200 g de guisantes
- Caldo de pescado
- Sal y pimienta
- Aceite de oliva

Elaboración:

1. Preparamos las albóndigas: en un cuenco introducimos la carne de la merluza picada a cuchillo, sin espinas ni piel; las gambas crudas también picadas en cubos; 2 dientes de ajo picados muy finos; el huevo; la miga del pan remojada en leche, y un puñadito de perejil picado. Mezclamos bien con las manos.

2. Cogemos una pequeña porción de la masa y le damos forma de bolita. Pasamos por harina y reservamos, hasta formar todas las albóndigas y terminar con la masa.

3. Freímos en abundante aceite muy caliente. La idea es sellar la parte más externa, dejando el interior crudo. Después reservamos sobre papel absorbente.

4. Para hacer la salsa verde, en una sartén ancha ponemos a calentar a fuego suave un chorrito de aceite. Añadimos el resto de los dientes de ajo y dejamos que se cocinen durante un par de minutos. Que no cojan color.

5. Añadimos el vino blanco. Subimos la potencia del fuego y esperamos a que el alcohol se evapore.

6. Incorporamos una cucharadita de harina. Mezclamos, integramos con el resto de los ingredientes y dejamos que se cocine un par de minutos.

7. Agregamos ahora los guisantes y el caldo de pescado. Volvemos a mezclar e introducimos las albóndigas. Nos aseguramos de que queden bien distribuidas por toda la sartén y dejamos que se cocinen durante 30 minutos a fuego suave, para que haya intercambio de sabores.

ARROZ CALDOSO **CON CONEJO**

¡No podía faltar una receta de arroz caldoso en este libro! Sencilla y rica.

Ingredientes
para 4 personas:

- 400 g de arroz redondo
- ½ conejo
- ½ pimiento rojo
- ½ pimiento verde
- 2 dientes de ajo
- 4 cucharadas de salsa de tomate
- 1 cucharadita de pimentón dulce
- Unas hebras de azafrán
- 1,5 l de caldo de ave o verduras
- Sal
- Aceite de oliva

Recuerda: para obtener un arroz caldoso, el secreto radica en añadir 4 partes de agua por cada una de arroz y en no dejar que repose nada de tiempo una vez que esté cocido. ¡Sírvelo al instante!

Elaboración:

1. En una cazuela grande, ponemos a calentar a fuego fuerte un chorrito de aceite. Cuando esté caliente, añadimos el conejo, previamente troceado y salpimentado, y lo sellamos. La idea es dorarlo un poco por fuera sin terminar de cocinarlo en su interior.
2. Retiramos y reservamos en un plato. Ahora bajamos la potencia del fuego y en este aceite añadimos los dientes de ajo y los pimientos picados. Removemos y dejamos cocinar durante 10 minutos.
3. Añadimos el pimentón, mezclamos bien e inmediatamente después incorporamos la salsa de tomate. Volvemos a mezclar y cocinamos durante 3 minutos más.
4. Devolvemos el conejo a la cazuela. Agregamos las hebras de azafrán, el arroz y mezclamos todos los ingredientes, mientras dejamos que se cocine durante 1 minuto más.
5. Cubrimos con abundante caldo. La idea aquí, para que quede caldoso, es utilizar unas 4 partes de caldo por cada una de arroz, en vez de las 2 convencionales; así quedará bien caldoso. Cabe destacar que el caldo debe tener ya sal, para que no quede soso después; así que, si no la tiene, no olvides añadírsela.
6. Dejamos cocinar a fuego medio unos 17-20 minutos, sin remover y hasta que el arroz esté al dente. Servimos de inmediato porque el arroz sigue absorbiendo agua incluso fuera del fuego.

ARROZ NEGRO CON CALAMARES
Y ALIOLI CASERO

Seguro que has oído alguna vez eso de que un buen arroz casa estupendamente con un alioli. Pues es verdad. En esta ocasión, vamos a hacer las dos cosas totalmente caseras; sí, el alioli también. Pero nada del falso alioli con huevo. Vamos a hacerlo totalmente a mano y con dos ingredientes: ajo y aceite.

Ingredientes
para 4 personas:

- 400 g de arroz bomba
- 800 g de calamares
- 200 g de gambas o langostinos
- 2 dientes de ajo
- 1 pimiento rojo
- 1 pimiento verde
- 4 tomates
- 4 sobres de tinta de calamar
- 1 cucharada de pimentón dulce
- 1 l de caldo de pescado
- Aceite de oliva

Para el alioli:
- 4 dientes de ajo
- 120 ml de aceite de oliva
- Zumo de ½ limón

Elaboración:

1. En una paellera o recipiente ancho similar, ponemos a calentar a fuego fuerte un chorrito de aceite. Cuando esté caliente, añadimos, ya salpimentados y limpios, los calamares troceados y las gambas, también en trozos grandes. Si estas son muy pequeñas, puedes añadirlas enteras. Cocinamos durante 1 minuto mientras removemos sin parar.

2. Pasado este tiempo, retiramos y reservamos en un plato. Bajamos la potencia del fuego y en el mismo aceite al que se habrán sumado los jugos que han soltado estos ingredientes agregamos los dientes de ajo y los pimientos, todo picado. Salpimentamos, mezclamos y sofreímos durante unos 10 minutos, removiendo con frecuencia.

3. Pasado este tiempo, añadimos el tomate picado y pelado. Volvemos a mezclar y a cocinar durante unos 10 minutos más.

4. Es el turno de incorporar el pimentón. Mezclamos rápidamente y acto seguido añadimos la tinta de calamar. Volvemos a mezclar y a integrarlo todo bien.

5. Agregamos el arroz. Volvemos a mezclar con el resto de los ingredientes y dejamos que se cocine durante 1-2 minutos más.

6. Ahora añadimos el caldo de pescado. Para su elaboración, cubrimos de agua unas pieles y espinas de pescado (rape, merluza...) o también puedes aprovechar las cásca-

ras de las gambas. Incorporamos unas pocas verduras, llevamos a ebullición y dejamos cocer durante 20 minutos. Después, colamos y ya lo tenemos.

7. Con el caldo ya añadido, mezclamos un poco los ingredientes para que queden distribuidos por toda la paellera. Dejamos que se cocine durante unos 20 minutos, a fuego medio, sin remover más.

8. Mientras se hace, preparamos el alioli. En un mortero, ponemos los dientes de ajo troceados. Añadimos una pizquita de sal y vamos agregando poco a poco el aceite, casi de gota en gota. Unas gotitas cada vez. Machacamos con la mano de mortero y cuando se haya integrado, volvemos a añadir un poco más de aceite. Machacamos de nuevo. Este es el secreto del alioli: hacerlo a mano y poquito a poco, para que no se corte. Una vez que lo tengamos (es una salsa con cierto espesor y con mucha personalidad) añadimos el zumo del limón.

9. Cuando al arroz le queden unos pocos minutos para estar terminado, pero aún tenga algo de caldo, echamos los calamares y las gambas que teníamos reservados. Los hundimos un poco en el arroz y dejamos que se termine de hacer todo.

10. Por último, cuando esté hecho, tapamos para que el mismo vapor termine de cocer al arroz, dejándolo al dente, y después servimos de inmediato. El alioli lo colocamos cerca para que cada comensal se lo eche en su plato y lo consuma cuando quiera.

El arroz negro es delicioso. Podrías hacerlo también con fideuá. La elaboración sería la misma, solo que la proporción de caldo es muy inferior, lo suficiente para que cubra y listo. ¡Prueba estas recetas!

BACALAO **AL PILPIL**

Como buen vasco que soy, no pueden faltar recetas de mi tierra en este libro, y una de las más tradicionales es este bacalao. Se hacía en cazuela de barro, en el fuego de gas, pero hoy en día, con las vitrocerámicas y las placas de inducción, se nos plantea el problema de que o la cazuela no se calienta o rayamos la placa si lo hacemos en una sartén convencional. Para evitar este efecto, te traigo esta técnica, que consiste en ligar el pilpil con un colador.

Ingredientes

para 4 personas:

- 800 g de lomo de bacalao salado
- 4 dientes de ajo
- 2 pimientas de cayena
- 300 ml de aceite de oliva

Elaboración:

1. Esta receta queda mucho mejor con bacalao desalado que con el fresco, así que elegimos esta pieza; si son lomos gordos, mucho mejor. Para desalarlo, lo mojamos bien en el grifo. Después, lo introducimos en una olla con abundante agua y dejamos que repose en ella, metido en la nevera, durante unos 3 días. Le cambiaremos el agua cada 8 horas.

2. Ponemos el aceite en una sartén lo suficientemente amplia para que quepan después todos los lomos y que no sea antiadherente. Calentamos a fuego suave y, cuando esté caliente, añadimos los dientes de ajo laminados y las cayenas enteras. Dejamos que se cocinen a fuego muy suave durante unos 5 minutos. El fuego estará tan suave que el ajo ni siquiera cogerá color; la idea es aromatizar el aceite con estos ingredientes.

3. Pasado este tiempo retiramos y reservamos. En este mismo aceite añadimos el bacalao cortado ya en trozos de ración. Lo hacemos con la piel mirando hacia arriba. Dejamos cocinar también a fuego suave, a unos 100-110 °C, durante unos minutos; de hecho, apenas saldrán burbujas de cocción. Con el paso de los minutos, veremos que el bacalao comienza a soltar su suero, una especie de bur-

bujitas blancas. Podemos remojar el bacalao por la parte de la piel echándole aceite por encima para ayudar a que suelte más suero.

4. Pasados unos 6-8 minutos, retiramos el bacalao con cuidado de no desmigarlo y lo reservamos en un plato. Dejamos que el aceite se temple un poco para que el suero caiga al fondo de la sartén.

5. Hecho esto, reservamos el aceite en otro recipiente. En la sartén, dejamos tan solo el suero y un poquito del aceite. Volvemos a calentar a fuego medio y con un colador comenzamos a hacer movimientos circulares que abarquen toda la superficie de la sartén. El colador va a hacer la emulsión.

6. Al cabo de unos pocos minutos, veremos que comienza a ligar el suero con el aceite. Cuando veamos que el proceso funciona —la salsa se tornará blanca, aunque muy líquida—, echamos otro pequeño chorrito del aceite que teníamos reservado. Volvemos a hacer el mismo gesto con el colador para que ligue de nuevo.

7. Seguimos repitiendo el paso anterior hasta haber logrado la densidad deseada de la salsa. Cuanto más aceite añadas, más sólida va a quedar; es posible que incluso te sobre algo de aceite, que sirve para otras elaboraciones.

8. Cuando tengamos el pilpil formado, introducimos de nuevo los lomos en él. Devolvemos los dientes de ajo y las pimientas de cayena, enteras o laminadas, si son de nuestro gusto; si no, las omitimos. Dejamos el tiempo justo para que el bacalao se caliente. Servimos de inmediato.

Con la técnica del colador evitaremos rayar la vitrocerámica de casa; eso sí, es importante que la sartén no sea antiadherente para no estropearla en el proceso.

BROCHETAS **DE POLLO**

No hay nada mejor en la cocina que preparar un plato fácil, rápido y, sobre todo, resultón. Estas brochetas de pollo prometen cumplir estas 3 características. Están listas en cuestión de minutos y cada una de ellas cuesta menos de 1 €. ¡La mezcla de sabores queda de 10!

Ingredientes
para 4 personas:

- 4 pechugas de pollo
- 1 pimiento rojo
- 1 pimiento verde
- Unas lonchas de panceta
- Sal y pimienta
- Aceite

La grasa de la panceta le va a dar ese toque tierno que le falta a la pechuga de pollo; ambas carnes se complementan a la perfección. Como idea: ¡triunfarás seguro si las llevas a una barbacoa que hagas con tus amigos o familiares!

Elaboración:

1. En una tabla de cocina, cortamos los pimientos en cubos del tamaño de un bocado, más o menos. Salpimentamos.
2. Hacemos lo mismo con la panceta y cortamos también, siempre del mismo tamaño aproximado, las pechugas de pollo. Salpimentamos solo el pollo, puesto que la panceta ya lleva sal.
3. A continuación, en unas brochetas, que pueden ser de madera o metal, clavamos un trozo de panceta, otro de pimiento verde, otro de pollo y, por último, otro de pimiento rojo. Repetimos la serie hasta cubrir bien casi toda la brocheta.
4. En una plancha, ponemos un chorrito de aceite a calentar a fuego fuerte y vamos cocinando cada brocheta, cuidando de ir dándoles la vuelta para que se cocinen todas las caras.
5. Retiramos de la plancha y servimos de inmediato.

BURRITOS **DE CARNE**

¡No son 100 % mexicanos, pero sí muy resultones!

Ingredientes
para 4 personas:

- 1 kg de carne picada mitad de cerdo mitad de ternera
- 2 dientes de ajo
- 1 cebolla
- ½ pimiento verde
- ½ pimiento rojo
- 8 tortillas mexicanas grandes
- 1 cucharadita de comino molido
- 200 g de tomate triturado
- Cilantro fresco
- Zumo de 1 limón
- Sal y pimienta
- Aceite de oliva

Elaboración:

1. En una sartén ponemos a calentar un chorrito de aceite a fuego suave. Añadimos los dientes de ajo, la cebolla y el pimiento rojo picados. Salpimentamos y dejamos cocinar durante 5 minutos, mientras vamos removiendo con una cuchara de madera.

2. Pasado este tiempo añadimos el pimiento verde, también picado, y seguimos cocinando durante 5 minutos más.

3. Hecho esto, añadimos el tomate triturado y el comino, que va a darles un toque muy interesante a nuestros burritos. Mezclamos y seguimos cocinando durante otros 5 minutos más.

4. Es el turno de añadir la carne. La salpimentamos, subimos la potencia del fuego y vamos desmenuzándola con la misma cuchara. La integramos con el resto de los ingredientes mientras la cocinamos, hasta que pierda el color a crudo.

5. Calentamos las tortillas mexicanas, 1 minuto por cada cara a fuego fuerte. Después llenamos cada una con el relleno. Sobre él, espolvoreamos con cilantro fresco y unas gotitas de zumo de limón, que van a darle el toque final.

6. Enrollamos el burrito y servimos de inmediato.

Estos burritos caseros te sacarán de algún apuro en más de una comida o cena. ¡Y no sobrará ni uno!

CERDO **AGRIDULCE**

¡Un plato muy típico de restaurante chino! Pruébalo.

Ingredientes
para 4 personas:

- 1 cinta de lomo de cerdo
- 1 huevo
- ½ vaso de maicena
- 2 dientes de ajo
- 1 latilla de piña en su jugo
- 2 zanahorias
- 2 pimientos rojos
- 2 pimientos verdes
- 2 cebollas
- Sal y pimienta
- Aceite

Para la salsa agridulce:
- 200 ml del jugo de piña
- 100 g de azúcar moreno
- 4 cdas. de vinagre blanco
- 4 cdtas. de salsa de soja
- 2 cucharaditas de maicena

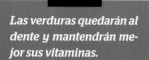

Las verduras quedarán al dente y mantendrán mejor sus vitaminas.

Elaboración:

1. En un cuenco, batimos el huevo. Luego, cortamos el lomo en cubos del tamaño de un bocado, lo salpimentamos y lo introducimos en este cuenco. Mezclamos bien con el huevo y añadimos la maicena. Volvemos a mezclar bien. La idea es que el cerdo quede bien rebozado de maicena.
2. Freímos el cerdo en abundante aceite para que se dore por fuera; no pasa nada si queda algo crudo en el interior.
3. Cortamos todas las frutas y verduras en tacos de un tamaño aproximado al de la carne, salvo el ajo, que lo picaremos fino. Ahora, en un wok ponemos a calentar un chorrito de aceite a fuego fuerte. Añadimos los dientes de ajo y cocinamos durante unos segundos.
4. Cuando comience a coger color, incorporamos el resto de las verduras excepto la piña. Salteamos y dejamos cocinar durante unos 3 minutos, a fuego fuerte.
5. Mientras tanto, preparamos la salsa agridulce. Para su elaboración, tan solo mezclamos todos los ingredientes en una cazuela y los llevamos a ebullición. La maicena se la añadimos al final, diluida en el mismo jugo de la piña. Ponemos, además, una pizca de sal.
6. Seguimos con el wok. Agregamos la salsa agridulce, el cerdo y la piña. Mezclamos bien y dejamos que se cocine todo durante unos minutos más, para que haya intercambio de sabores y todos los ingredientes terminen de cocinarse.

CODORNICES GUISADAS
EN SALSA

Unas codornices guisadas en una salsa que casa con casi todo. La salsa española es una especie de bechamel hecha con caldo en lugar de leche. Veamos su elaboración.

Ingredientes
para 4 personas:

- 8 codornices limpias
- 2 dientes de ajo
- 1 cebolla
- 1 pimiento rojo
- 1 pimiento verde
- 4 zanahorias
- 200 g de tomate triturado
- 2 l de caldo de pollo
- 2 cucharadas de harina
- Aceite de oliva

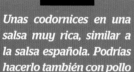

Unas codornices en una salsa muy rica, similar a la salsa española. Podrías hacerlo también con pollo troceado o incluso con conejo. ¡Esta salsa casa muy bien con todo tipo de carnes suaves del estilo!

Elaboración:

1. En una cazuela lo suficientemente amplia para que quepan todas las codornices, ponemos a calentar a fuego fuerte un buen chorro de aceite de oliva. Cuando esté caliente, añadimos las codornices previamente salpimentadas y las sellamos durante unos pocos minutos; lo que pretendemos es que cojan algo de color por fuera, pero que queden crudas en el interior.

2. Hecho esto, retiramos y reservamos las codornices, y bajamos la potencia del fuego. A continuación, agregamos los dientes de ajo, la cebolla y los pimientos picados, y la zanahoria cortada en rodajas. Salpimentamos y cocinamos todo durante unos 10 minutos.

3. Pasado este tiempo, incorporamos el tomate y volvemos a mezclar. Dejamos cocinar durante otros 5 minutos más.

4. Pasados esos 5 minutos, con toda la verdura bien pochada, añadimos la harina. Volvemos a integrar con todos los ingredientes y dejamos que se cocine durante un par de minutos más.

5. Es el turno de devolver las codornices a la cazuela. Cubrimos todo con abundante caldo de pollo o agua, si no tienes caldo. Rectificamos de sal y de pimienta, y volvemos a integrar todos los ingredientes. Dejamos que se cocine en torno a 30-45 minutos más, hasta que la codorniz esté tierna.

CUSCÚS **CON CORDERO**

Una receta muy práctica y que queda deliciosa. Este cuscús apenas nos llevará unos minutillos y su elaboración no dista mucho de la de un arroz; es decir fácil.

Ingredientes
para 4 personas:

- 350 g de cuscús
- 200 g de carne de cordero magra
- ½ cebolla
- ½ puerro
- 1 pimiento rojo
- 8 tomates cherry
- Cilantro fresco
- Caldo de verduras
- Sal y pimienta
- Aceite de oliva

Es tan fácil de hacer como un arroz con carne, pero al llevar menos tiempo de cocción, se hace más rápido. Pruébalo, ¡seguro que te sorprende!

Elaboración:

1. En una sartén, ponemos a calentar un chorro de aceite a fuego fuerte. Cuando esté caliente, echamos el cordero, previamente salpimentado y cortado en tacos del tamaño de un bocado. Cocinamos durante unos 3 minutos, más o menos.

2. Hecho esto, bajamos la potencia del fuego e incorporamos la cebolla, el puerro y el pimiento picados, y los cherry cortados en mitades. Echamos su pizca de sal y pimienta, y vamos removiendo mientras dejamos que se cocine todo durante 15 minutos más.

3. Añadimos el cuscús. Mezclamos con el resto de los ingredientes y dejamos que sofría durante otro minuto más.

4. Llegados a este punto, agregamos el caldo de verduras, que puedes sustituir por agua, y una pizca de sal, para que el cuscús la absorba bien. Seguimos las instrucciones del envase para añadir la cantidad de agua necesaria. Dejamos cocer durante 3 o 4 minutos más, hasta que el cuscús esté hecho. Ten cuidado, no te pases del punto de cocción para que no se deshaga.

5. Puedes espolvorear con un poco de cilantro picado; le da el toque definitivo.

EMPANADA DE BONITO
CASERA

Vamos a preparar una empanada de bonito 100 % casera, incluida la masa. Su elaboración no es muy complicada, aunque se tarda un buen rato, sobre todo a la hora de hacer la masa.

Ingredientes
para 4 personas:

- 500 g de atún en conserva bien escurrido
- 2 dientes de ajo
- 1 cebolla
- 1 pimiento verde
- 300 g de tomate triturado
- 2 huevos cocidos
- 1 cucharada de pimentón dulce
- Sal y pimienta
- Aceite de oliva

Para la masa:

- 400 g de harina de fuerza
- 200 ml de agua
- 7 g de levadura de panadero liofilizada (20 g si es de la fresca)
- 1 cucharada rasa de sal
- 1 huevo
- El aceite del sofrito

Elaboración:

1. Preparamos el sofrito. Para ello, en una sartén ponemos a calentar un chorro generoso de aceite de oliva que luego vamos a emplear para la masa. Lo calentamos a fuego suave y añadimos los dientes de ajo y la cebolla picados. Salpimentamos y dejamos cocinar durante 5 minutos, mientras removemos con frecuencia.

2. Pasado este tiempo, añadimos el pimiento verde también picado. Integramos con el resto de los ingredientes y dejamos que se cocine durante 5 minutos más.

3. Llegados a este punto, vamos a retirar la sartén del fuego. Incorporamos el pimentón y removemos bien para cocinarlo fuera del fuego. Pasados unos 10 segundos, ya podemos retirar el aceite y reservarlo, dejando los demás ingredientes en la sartén. Con él vamos a hacer la masa.

4. En un cuenco, añadimos todos los ingredientes de la empanada, salvo el huevo. Agregamos también, un poco atemperado, el aceite que acabamos de reservar. Mezclamos todos los ingredientes y amasamos durante unos 10 minutos. Pasado este tiempo, debe quedar una bola suave, que se pegue solo un poquito a las manos. Esta es la textura, porque si no se pega nada de nada, la empanada queda dura.

5. Metemos la bola en un cuenco y dejamos que fermente hasta que doble el tamaño. Tardará 1½-3 horas, dependiendo de la temperatura. Si quieres, puedes saltarte estos dos últimos pasos comprando una masa comercial para empanadas, pero en caso de hacerlo, ya se pierde

una muy buena parte de la sustancia y de la gracia de la receta.

6. Mientras fermenta la masa, seguimos con el sofrito. En la sartén donde teníamos las hortalizas, añadimos el tomate triturado. De nuevo, integramos todos los ingredientes y dejamos que se cocinen durante unos 10 minutos más.

7. Por último, incorporamos el atún totalmente escurrido de su aceite y volvemos a integrar. Ya tenemos el relleno listo.

8. Cuando la masa esté fermentada, la dividimos en dos partes, una ligeramente más grande que la otra. Estiramos la que es ligeramente más grande con un rodillo. Le damos forma redondeada o rectangular, como más nos guste. Después, la ponemos en una bandeja de horno que habremos cubierto con papel de hornear.

9. Sobre esta masa ponemos el relleno. Debe ocupar toda la superficie, salvo los bordes, por donde cerraremos la masa.

10. Encima colocamos la otra masa, también estirada. Con la ayuda de un tenedor, vamos a ir sellando los bordes de tal manera que la empanada quede bien cerrada, con el relleno dentro.

11. Pinchamos un poco la superficie de la empanada para que el vapor tenga una chimenea por donde salir. Después, pintamos toda la superficie con huevo batido.

12. Introducimos en el horno, que habremos calentado a 180 °C, y dejamos cocer durante unos 15 o 20 minutos, hasta que quede bien dorada.

Son unos cuantos pasos, pero es más fácil de hacer de lo que parece. Una empanada 100 % casera, hecha por nosotros en casa. ¡Anímate con ella!

DORADA CON REFRITO
DE AJO Y CAYENAS

Una estupenda manera de mejorar un pescado al horno es añadirle un refrito al final del horneado: obtendremos un pescado con mucho más sabor. En esta ocasión, lo haremos con dorada, pero también se puede hacer con lubina, merluza, rape o lomos de salmón.

Ingredientes
para 4 personas:

- 4 doradas
- 4 dientes de ajo
- 4 pimientas de cayena
- Vinagre blanco
- Aceite de oliva
- Sal y pimienta

Y así de fácil tienes un pescado al horno con todos los sabores potenciados. Si quieres, al refrito puedes añadirle también un puñadito de perejil picado fresco. ¡Pruébalo y verás como notas la diferencia!

Elaboración:

1. Cuando compremos las doradas, le indicamos al pescadero que las queremos para horno, abiertas por la mitad. Él se encargará de limpiarlas y de dejarlas listas para hornear.
2. Ponemos el pescado en una bandeja de horno. Regamos con un poquito de agua, salpimentamos e introducimos en el horno, que habremos calentado a 200 °C. Dejamos que se cocine durante 20 minutos.
3. Cuando falten unos 5 minutos para que el pescado esté hecho, ponemos un chorrito de aceite a calentar a fuego medio en una sartén. Añadimos los dientes de ajo y las cayenas enteras, y dejamos que se cocinen durante unos 3 minutos. No queremos que cojan color.
4. Pasado este tiempo, el aceite se habrá aromatizado con el sabor de los ajos y las cayenas. Es el turno de subir la potencia del fuego y añadir un chorro de vinagre. Dejamos que se cocine durante 1 minuto más.
5. Con todo esto ya hecho, retiramos el pescado del horno, lo emplatamos y vertemos sobre él el refrito que acabamos de preparar. Servimos de inmediato.

GARBANZOS CON BACALAO
Y ESPINACAS

Un clásico del recetario y un plato muy completo a nivel nutricional. Su elaboración es muy sencilla, tan solo hay que tener en cuenta que hay que planearlo con antelación para poner los garbanzos en remojo.

Ingredientes
para 4 personas:

- 400 g de garbanzos
- 200 g de bacalao desalado
- 300 g de espinacas
- 2 dientes de ajo
- 1 cucharada de pimentón dulce
- 1 cucharada de salsa de tomate
- 1 cucharada de carne de pimiento choricero
- Sal y pimienta
- Aceite de oliva

Este plato de cuchara es muy fácil de hacer y te pondrá las pilas los días más fríos de invierno. Es muy completo a nivel nutricional. ¡Sirve incluso como plato único!

Elaboración:

1. Ponemos los garbanzos en remojo la noche anterior. Para ayudar a que se ablanden, le añadimos al agua una pizca de bicarbonato o un puñadito de sal, lo que prefiramos.

2. Al día siguiente, ponemos los garbanzos en una olla, junto al pimentón, la salsa de tomate, la carne del pimiento choricero y los dientes de ajo pelados y enteros. Cubrimos con abundante agua fresca (la del remojo no vale) y salpimentamos. Llevamos a ebullición y dejamos cocer durante unas 2 horas si lo hacemos de manera convencional o en torno a 40 minutos si lo hacemos en olla exprés. Los tiempos pueden variar en función de la variedad de garbanzo.

3. Cuando estén blandos, es el turno de añadir el resto de los ingredientes, que se cocinan en muy poco tiempo. Las espinacas tendrán que estar bien limpias, y el bacalao, desalado y cortado en cubos: para desalarlo, introdúcelo en tacos en una cazuela con abundante agua y deja que repose en el frigorífico durante 3 días. Cada 8 horas, cámbiale el agua.

4. Llevamos a ebullición, mezclamos y dejamos que se cocine durante 3 minutos más, tiempo suficiente para que terminen de hacerse tanto las espinacas como el bacalao.

HAMBURGUESA **DE SALMÓN**

Una hamburguesa un poco diferente. Puedes hacerla de cualquier otro pescado, pues la elaboración es la misma.

Ingredientes
para 4 personas:

- 300 g de salmón en lomos sin espinas ni pieles
- 1 diente de ajo
- ½ cebolleta
- 1 huevo
- 1 puñadito de perejil
- 4 panes de hamburguesa
- Lechuga, tomate, cebolla y salsas para rellenar el pan
- Zumo de 1 limón
- Sal y pimienta

Esta hamburguesa es tan fácil de hacer como una hamburguesa convencional, una estupenda idea para que los peques de la casa consuman más pescado o para que incluso nosotros mismos lo hagamos. ¡Están deliciosas!

Elaboración:

1. En un cuenco, ponemos el salmón bien picado a cuchillo, el diente de ajo, la cebolleta y el perejil, todo también bien picado. Añadimos, además, el huevo y salpimentamos. Mezclamos bien.
2. Cogemos una porción de la masa y, con las manos, le damos forma de hamburguesa. Las cocinamos en la plancha de una en una. No es necesario utilizar aceite, pues el salmón ya es muy graso de por sí y se cocinará en sus propios jugos.
3. Pasados unos pocos minutos, le damos la vuelta a la hamburguesa y la cocinamos por la otra cara. Cuando ya esté casi cocinada, agregamos un poco de zumo de limón; su toque ácido casa estupendamente con el salmón.
4. Retiramos de la sartén y ponemos dentro de los panes de hamburguesa. Si quieres, puedes tostar un poco los panes en el horno.
5. Añádele lechuga, cebolla en aros, tomate o cualquier otro elemento que desees, como si de una hamburguesa convencional se tratase. Agrega también salsa a tu gusto.

HAMBURGUESA **VEGETAL**

Una hamburguesa que, a pesar de no llevar nada carne, no está desprovista de proteínas: las que le aportan las lentejas. Aunque su sabor es el predominante, el ingrediente principal es la patata, que le da consistencia.

Ingredientes
para 4 personas:

- 1 patata mediana
- 80 g de lentejas
- 1 diente de ajo
- 200 g de espinacas
- 1 puñadito de perejil fresco
- Sal y pimienta
- Aceite de oliva

Una estupenda receta para consumir más verduras en casa, sin grasas, salvo las de las salsas, si se las añadimos, y sin complicarnos en la cocina.

Elaboración:

1. Cubrimos las lentejas con agua y un poco de sal, y dejamos que cuezan hasta que estén blandas. Hacemos lo propio con la patata, que podemos cocer con las lentejas.

2. Para cocinar las espinacas, bastará con introducirlas en abundante agua hirviendo, dejarlas cocer 3 minutos y retirarlas e introducirlas de inmediato en agua fría, para cortar rápido la cocción; así mantiene el color verde y las vitaminas.

3. Aplastamos todos estos ingredientes como si fuera un puré y los echamos en un cuenco. Añadimos también el perejil y el diente de ajo, ambos ingredientes bien picados. Rectificamos de sal y pimienta, y mezclamos hasta que todo se integre entre sí. Tiene que quedar una mezcla maleable.

4. Tomamos una bola de masa y le damos forma de hamburguesa. Después, la cocinamos a la plancha con un pequeño chorrito de aceite. Debe quedar una capa exterior dorada y tienen que calentarse por fuera y por dentro.

5. Metemos en panes de hamburguesa, aderezamos al gusto con lechuga, aros de cebolla, tomate, kétchup, mostaza y, en definitiva, con lo que más nos guste. Servimos de inmediato.

LASAÑA **VEGETAL**

Un lasaña con pocas calorías, apta para diabéticos y para personas que quieran bajar de peso sin renunciar a su sabor.

Ingredientes

para 4 personas:

- 16 placas de lasaña integral precocida
- 1 kg de espinacas o acelgas
- 1 cebolla
- 2 dientes de ajo
- 1 pimiento verde
- 1 pimiento rojo
- 400 g de setas
- 200 g de salsa de tomate
- 500 g de tomate triturado
- Sal y pimienta
- Orégano seco
- 100 g de queso rallado
- Aceite de oliva

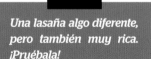

Una lasaña algo diferente, pero también muy rica. ¡Pruébala!

Elaboración:

1. En una sartén, ponemos a calentar a fuego suave un chorrito de aceite. Cuando esté caliente, añadimos los dientes de ajo, la cebolla y los pimientos rojo y verde, todo bien picado. Salpimentamos y mezclamos, y dejamos que se cocine todo durante unos 10 minutos.

2. Pasado este tiempo, añadimos las setas. Integramos y seguimos cocinando durante 5 minutos más.

3. Mientras se cocina todo esto, cocemos las espinacas o las acelgas. Las introducimos en abundante agua hirviendo y, una vez dentro, esperamos 3 minutos. Pasado este tiempo, retiramos e introducimos en agua fría.

4. En una fuente para horno, ponemos una base de placas de lasaña, una por persona. Sobre ella, ponemos unas cucharadas del sofrito de verduras y parte de las espinacas o de las acelgas ya cocidas. Sobre esta verdura, ponemos unas cucharadas del tomate triturado y luego espolvoreamos con orégano seco. Terminamos con una capa de placas de lasaña.

5. Repetimos el paso anterior hasta formar 3 pisos. Terminamos el *tejado* de la lasaña con una capa de placas de pasta.

6. Lo cubrimos todo con salsa de tomate. Esta salsa emulará la habitual capa de bechamel, pero es menos calórica. Espolvoreamos con orégano y queso rallado.

7. Lo introducimos en el horno, que habremos calentado a 200 °C. Lo dejamos en torno a 20 minutos, hasta que esté al dente.

LASAÑA DE BERENJENAS
RELLENA DE JAMÓN Y QUESO

Una variante de la moussaka *griega más fácil de hacer y una estupenda manera de incluir verduras en nuestra dieta.*

Ingredientes
para 4 personas:

- 3 berenjenas
- 12 lonchas de jamón cocido
- 12 lonchas de queso
- Orégano seco
- 100 g de queso mozzarella rallado
- Sal y pimienta

Sin contar la sal ni la pimienta, esta receta consta de 5 ingredientes, todos muy baratos y fáciles de conseguir. Es un plato que puedes consumir con cierta frecuencia. Recuerda que puedes utilizar calabacín o patata para sustituir la berenjena. También puedes tunear el relleno a tu gusto. Otra idea: prepara una bechamel y viértela encima antes de introducir en el horno. ¡La imaginación al poder!

Elaboración:

1. Cortamos las berenjenas sin pelar en láminas muy finas, de unos pocos milímetros de grosor (tamaño lasaña, para que te hagas una idea). Puedes hacerlo con un cuchillo o con un pelador de patatas.
2. Las introducimos en abundante agua hirviendo. Las cocemos durante tres minutos, lo suficiente para que se ablanden un poco, pero que sigan durillas en el interior.
3. En un molde o una fuente de horno, comenzamos a montar la lasaña. Empezamos poniendo una base de láminas de berenjena y la salpimentamos. Tapamos con unas lonchas de jamón y con otra capa de lonchas de mozzarella. Después, espolvoreamos con un poco de orégano seco que ayudará a potenciar todos los sabores.
4. Repetimos el paso anterior hasta haber formado tres alturas. Terminamos con una capa de berenjena.
5. Sobre esta capa, espolvoreamos un poco más de orégano y, por último, queso mozzarella rallado, que cubra bien la superficie. Introducimos en el horno, que habremos calentado a 180 °C con calor arriba y abajo, y dejamos que se cocine durante unos 20 minutos. Servimos de inmediato.

LASAÑA **DE CARNE**

Una lasaña con todas las de la ley. La comida favorita de Garfield y también de muchas personas.

Ingredientes

para 4 personas:

- 16 placas de lasaña precocidas
- 500 g de carne picada mitad ternera mitad cerdo
- 1 cebolla
- 2 dientes de ajo
- 1 pimiento rojo
- 3 zanahorias
- 400 g de tomate triturado
- 1 vaso de vino tinto
- 1 cucharadita de orégano seco
- 1 cucharadita de tomillo seco
- Sal y pimienta
- Aceite de oliva

Para la bechamel:
- 500 ml de leche
- 45 g de harina
- 45 ml de aceite de oliva
- Queso rallado

Elaboración:

1. En una sartén, ponemos a calentar a fuego suave un chorrito de aceite. Añadimos los dientes de ajo, la cebolla, el pimiento y las zanahorias, todo bien picado. Salpimentamos y dejamos cocinar durante 10 minutos mientras removemos con frecuencia con una cuchara de madera.
2. A continuación, agregamos la carne picada. Con la misma cuchara la desmenuzamos y la integramos con el resto de los ingredientes. Dejamos cocinar lo justo para que pierda el color a crudo.
3. Incorporamos el tomate triturado, el orégano y el tomillo. Mezclamos y cocinamos durante 5 minutos más.
4. Vertemos el vino. Dejamos cocer durante 15 minutos.
5. Mientras tanto, preparamos la bechamel. En una cazuela ponemos el aceite y la harina a fuego suave. Mezclamos con una varilla y cocinamos durante un par de minutos.
6. Hecho esto, añadimos la leche. Lo hacemos en tandas. Agregamos unos 150 ml, mezclamos bien e incorporamos otros 150 ml. Volvemos a mezclar e integramos el resto. Salpimentamos y dejamos cocer durante 10 minutos más.
7. Con todo esto hecho, sobre una fuente de horno ponemos una base de placas de lasaña; sobre ella, unas cucharadas del sofrito de carne; sobre este, una capa de bechamel. Terminamos con otra capa de placas de lasaña.
8. Repetimos el paso anterior hasta haber formado tres pisos. Después, cubrimos toda la lasaña con más bechamel.
9. Espolvoreamos con queso rallado e introducimos en el horno, que habremos precalentado a 180 °C. Cocinamos durante 20 minutos.

LOMO DE CERDO JUGOSO
AL HORNO

El lomo es una de las carnes más magras y saludables de todo el cerdo. Por ponerle un pero, es algo sequita, en especial si la preparamos al horno. En esta ocasión, vamos a paliar un poco la sequedad con una sencilla técnica para que retenga más sus propios jugos.

Ingredientes
para 4 personas:

- 1 cinta de lomo de 1 kg
- 2 dientes de ajo
- 1 cucharada de pimentón
- Sal y pimienta
- Aceite de oliva

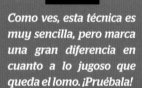

Como ves, esta técnica es muy sencilla, pero marca una gran diferencia en cuanto a lo jugoso que queda el lomo. ¡Pruébala!

Elaboración:

1. En un mortero, ponemos el diente de ajo troceado junto con un pequeño chorrito de aceite de oliva. Trituramos y mezclamos ambos ingredientes.

2. Añadimos el pimentón. Volvemos a triturar bien. La idea, más que triturar, es mezclar todos los ingredientes.

3. Ponemos el lomo sobre papel de plata, el suficiente para que seamos capaces de taparlo con él por completo. Sal-pimentamos el lomo y después lo untamos bien con la mezcla de ajo, aceite y pimentón.

4. Tapamos el lomo, pero sin estrujarlo por completo con el papel; lo que queremos es formar una pequeña burbuja de aire en su interior, así se generarán vapores que se quedarán en esta burbuja y harán que el lomo quede mucho más jugoso.

5. Ponemos el lomo, ya tapado, en una fuente y lo introducimos en el horno, que habremos calentado a 200 °C. Dejamos que se cocine durante unos 40 minutos, tiempo suficiente para que el interior se haga por completo, pero que tampoco se pase de cocción. Si no, todo este trabajo no servirá de mucho, pues se secará de todos modos.

6. Pasado este tiempo, retiramos. Dejamos reposar durante 5 minutos y ya podemos sacarlo del papel. Veremos la cantidad de líquido que ha retenido y que se habría evaporado de no haber sido por el papel. Cortamos en rodajas y servimos.

MARMITAKO **DE BONITO**

Esta marmita también es al estilo de mi madre, aunque, con el paso de los años, la he readaptado un poco.

Ingredientes
para 4-6 personas:

- 500 g de bonito en rodajas
- 1 kg de patatas
- 1 pimiento verde
- 1 cebolla
- 1 tomate
- 200 g de tomate triturado
- 1 cucharada de pulpa de pimiento choricero
- 1 cucharadita de pimentón
- Sal y pimienta
- Aceite de oliva

Al final, obtendremos una delicia con un caldo líquido, pero con algo de cuerpecillo. Si crees que te ha quedado muy espeso, puedes añadir algo más de caldo. Si, por el contrario, está muy líquido, puedes triturar alguna patata.

Elaboración:

1. Limpiamos el bonito y lo cortamos en cubos del tamaño de un bocado. Las pieles y las espinas vamos a añadirlas en una cazuela. Cubrimos generosamente con agua y dejamos cocinar a fuego medio durante unos 20 minutos para hacer un caldo.

2. Mientras tanto, pelamos y cortamos las patatas en cubos. En otra cazuela echamos un chorrito de aceite y lo calentamos a fuego fuerte. Cuando esté caliente, las añadimos, las salpimentamos y removemos sin parar, para sofreírlas brevemente en él. Llevamos a cabo este proceso durante 1 minuto.

3. Agregamos el tomate triturado, el pimentón y la pulpa del pimiento choricero. Volvemos a mezclarlo todo y sofreímos durante un par de minutos más.

4. Pasado este tiempo, cubrimos con el caldo que acabamos de hacer, ya colado. No te pases con la cantidad, porque al final debe quedar un poco espesito. Incorporamos también el pimiento verde, el tomate y la cebolla pelada enteros. Dejamos que se cocine durante unos 20 minutos, hasta que la patata y la verdura estén blandas pero no se deshagan.

5. Pasado este tiempo, añadimos el bonito que teníamos reservado. Rectificamos todo de sal y pimienta, removemos y dejamos cocer durante un par de minutos más.

PIMIENTOS RELLENOS
DE CARNE

Una divertida comida para introducir más verduras en nuestra dieta o en la de los niños. Para esta receta, usa pimientos de distintos colores y un poco más anchos para que el relleno se sostenga bien.

Ingredientes
para 4 personas:

- 4 pimientos grandes de colores
- 500 g de carne picada mitad ternera mitad cerdo
- 100 g de beicon ahumado
- 1 cebolla
- 1 hoja de apio
- 2 dientes de ajo
- 2 zanahorias
- 400 g de tomate triturado
- Sal y pimienta
- Aceite de oliva

Elaboración:

1. En una sartén, ponemos a calentar a fuego suave un chorrito de aceite. Luego añadimos los dientes de ajo, la cebolla, el apio y las zanahorias, todo bien picado. Salpimentamos, removemos con una cuchara de madera y dejamos cocinar durante unos 10 minutos.

2. Después añadimos el beicon y la carne picada. Le echamos su parte de sal y pimienta a la carne, y la desmenuzamos un poco con la cuchara, para que quede más suelta y se integre mejor con todas las hortalizas. Dejamos cocinar lo justo para que la carne picada pierda el color a crudo.

3. Ahora se incorpora el tomate. Mezclamos con los demás ingredientes y dejamos cocinar durante unos 10 minutos más.

4. Mientras, preparamos los pimientos. Le hacemos un corte circular al *sombrero*, la zona que estaba unida al tallo, y separamos esta parte del resto.

5. Limpiamos el interior del pimiento eliminando las zonas blancas; esta parte amarga y no le aporta nada a la receta. Quitamos también las pepitas de la parte del sombrero.

6. Cuando el sofrito esté listo, rellenamos los pimientos con él. Luego los ponemos en una bandeja de horno, echamos un poquito de aceite sobre cada uno de ellos y los introducimos en el horno, que habremos precalentado a 200 °C. Los dejamos durante 20 minutos, lo suficiente para que se cocinen, pero no se deshagan.

PIZZA **100 % CASERA**

El secreto de una buena pizza está en la masa. En esta ocasión, veremos cómo hacer una pizza casera desde el inicio. Para ello, hay que tener en cuenta ciertas cosas, pero una vez han quedado claras, es muy fácil de hacer.

Ingredientes

**para una masa
de pizza para
2 personas:**

- 250 g de harina
  normal
- 140 ml de agua
- 2 cucharadas de
  aceite de oliva
- 4 g de levadura de
  panadero liofilizada
  (12 g si es de la fresca)
- 1 cucharadita de sal

Para los
ingredientes de la
pizza en sí: al gusto

- 1 bola de mozzarella
  de búfala
- 8 tomates
  deshidratados
- Unas hojas de
  albahaca fresca
- 150 g de tomate
  triturado

Elaboración:

1. Ponemos todos los ingredientes de la masa en un cuenco y mezclamos bien con una cuchara. Es importante que utilices esta proporción de levadura; si empleas más, la masa fermentará más rápidamente, sí, pero buena parte de los aromas de la fermentación se perderán. Las fermentaciones lentas son de mayor calidad.

2. Amasamos la masa durante unos 10 minutos. La masa, al principio, debe pegarse algo a las manos y a la encimera. Con el paso de los minutos, con el propio amasado, irá pegándose cada vez menos, pero seguirá pegándose algo. Otro punto importante es que al final del amasado tengamos una masa lisa, muy agradable al tacto, pero que se pegue un poco (ojo, ¡solo un poquito!). Si se pega demasiado, va a costar darle forma después, y si no se pega nada de nada, la pizza quedará dura. Cuando hayamos logrado esto, devolvemos la masa al cuenco, la tapamos y dejamos que fermente entre 1 y 3 horas, dependiendo de la temperatura ambiente, hasta que doble su tamaño.

3. Llegados a este punto, la retiramos del cuenco. En la encimera, espolvoreamos con algo de harina y le damos forma redondeada con las manos; otro punto a tener en cuenta: jamás con un rodillo. El motivo es que el rodillo elimina todas las burbujas que se han formado durante la fermentación y da como resultado una pizza de todo menos esponjosa. Quedaría demasiado fina y casi dura. Es mejor hacerlo con las manos. Por mucho que la aplas-

temos con ellas, no seremos capaces de eliminar todas estas burbujas. La harina que hemos puesto en la encimera servirá para ayudarnos a darle forma a la pizza y que no se pegue, así que no amases en ella, solo dale forma redondeada sobre la harina. Si te cuesta mucho, puedes darle también forma rectangular.

4. Este es el momento de poner los ingredientes. La de la fotografía es una especie de margarita modificada. Primero ponemos la masa en una bandeja de horno con papel de horno sobre ella. Después, ya puedes añadir lo que quieras. De base, una capa de tomate triturado. El tomate lo hemos cocinado previamente un poco en una cazuela para que pierda humedad. Lo dejamos enfriar y entonces lo añadimos. Sobre él, mozzarella; yo suelo poner mozzarella fresca de búfala rallada en casa, que me gusta mucho más que la mozzarella rallada deshidratada que suelen vender, y encima de todo esto, unos tomatitos secos previamente hidratados.

5. Introducimos en el horno, que habremos calentado a lo máximo que permita el electrodoméstico. Cuando esté caliente, ponemos la bandeja en la rendija más baja del horno, cerramos y dejamos que se cocine durante unos 10 minutos, vigilando que no se queme la parte inferior de la pizza.

6. Cuando la parte inferior esté dorada, retiramos. Si creemos que por arriba queda un poco cruda, podemos meterla 1 minuto en la parte más alta del horno con este ya apagado. Si no, ponemos las hojas de albahaca, que van estupendamente en crudo, y servimos de inmediato.

Como resultado, una pizza casera con masa fresca, ingredientes naturales, crujiente y realmente deliciosa. Esto no tiene nada de comida basura. ¡Atrévete con ella!

POLLO AL HORNO
AL TOQUE DE CÍTRICOS

Un pollo al horno con un toque de cítricos. El limón, sobre todo, hace que el pollo se dore mucho más.

Ingredientes
para 4 personas:

- 1 pollo entero grande
- 2 limones
- 1 lima
- 2 naranjas
- 1 cabeza entera de ajos
- Sal y pimienta
- Aceite de oliva

Finalmente trinchamos y servimos junto a unas buenas patatas fritas y los dientes de ajo. Un truquito que hago yo siempre con los pollos congelo las carcasas, ya estén asadas o crudas. Una vez que he reunido 3 o 4, las introduzco en abundante agua junto con algunas verduras y especias, las dejo cocer durante una hora ¡y tengo un caldo casero muy rico! ¡Así lo aprovechamos todo!

Elaboración:

1. Exprimimos todos los cítricos en un cuenco, salvo la mitad de uno de los limones, que utilizaremos más adelante. Mezclamos bien.

2. Salpimentamos el pollo. Después, lo ponemos boca abajo en una fuente de horno. Añadimos en ella todos los dientes de una cabeza de ajos enteros y sin pelar. Una vez horneados, ya verás qué deliciosos quedan.

3. Vertemos el zumo de todos los cítricos sobre el pollo. Por la abertura que tiene entre las patas, introducimos el medio limón que teníamos reservado. Este va a ir soltando sus jugos durante el horneado y a hidratar las pechugas.

4. Agregamos sobre el pollo un chorrito de aceite de oliva, que va a ayudar a que quede más jugoso.

5. Introducimos en el horno, que habremos calentado a 200 °C. Dejamos que se cocine en torno a 35 minutos, hasta que veamos que comienza a dorarse.

6. Sacamos la bandeja y le damos la vuelta al pollo, que quedará mirando bocarriba. Volvemos a introducirlo en el horno durante otros 30 minutos, hasta que termine de cocinarse.

POLLO **A LA SIDRA**

Es una variante del pollo guisado de toda la vida. Juega con los sabores agridulces de la sidra, la manzana y la cebolla. Pruébalo.

Ingredientes
para 4 personas:

- 4 muslos de pollo enteros
- 3 manzanas reineta
- 1 cebolla
- 1 botella de sidra natural
- 1 cucharadita de tomillo seco
- 1 cucharadita de romero seco
- 1 hoja de laurel
- 1 cucharada de harina
- Sal y pimienta
- Aceite de oliva

Como buen guiso, puedes servir esta preparación al momento, pero de un día para otro tendrá aún más sabor.

Elaboración:

1. En una cazuela, ponemos a calentar, a fuego fuerte, un chorro de aceite de oliva. Cuando esté caliente, añadimos los muslos, previamente salpimentados, y los sellamos por todas las caras; la idea es dejar que cojan color por fuera, pero que se mantengan crudos en el interior.

2. Reservamos los muslos en un plato y bajamos la potencia del fuego. Ahora, agregamos la cebolla en cubos pequeños, salpimentamos y dejamos que se cocine durante 10 minutos.

3. Pasado este tiempo, incorporamos la manzana cortada en cubos más grandes que la cebolla. Puedes dejar la piel o retirársela en función de tu gusto. Salpimentamos, mezclamos y dejamos cocinar durante 5 minutos más.

4. Pasados esos 5 minutos, añadimos la harina y mezclamos bien con los demás ingredientes; esta harina le dará un poco más de cuerpo a la salsa. Con este toque obtendremos una salsa que estará más para mojar pan.

5. Devolvemos los muslos del pollo a la cazuela. Agregamos el romero, el tomillo y la hoja de laurel, y cubrimos con la sidra. Mezclamos bien y dejamos que se cocine todo durante unos 40 minutos, hasta que el pollo esté bien tierno.

QUICHE **DE VERDURAS**

La quiche es una especie de pastel salado de origen francés que da mucho juego en la cocina. Su base es de huevos y nata; por lo demás, se puede añadir casi lo que se quiera.

Ingredientes
para 6 personas:

- 1 cebolla
- 1 pimiento rojo
- 3 zanahorias
- 300 g de espinacas frescas
- 200 g de champiñones laminados
- 100 g de guisantes
- Queso rallado a tu elección
- 4 huevos
- 200 ml de nata para cocinar
- Sal y pimienta
- Aceite de oliva

Para la masa:
- 500 g de harina de fuerza
- 250 g de mantequilla
- 3 huevos
- 60 ml de agua
- 1 cucharadita de sal

Elaboración:

1. Para la masa, ponemos todos los ingredientes en un cuenco, salvo la mantequilla. Mezclamos y amasamos durante unos 3 minutos; en un principio, obtendremos una masa muy densa.

2. Añadimos la mantequilla refrigerada. La incorporamos ahora porque la mantequilla, al ser grasa, tiene función lubricante y esta acción podría impedir que el gluten se desarrollase. Volvemos a amasar. Al principio, parecerá que la masa se deshace, pero seguiremos amasando hasta que absorba toda la mantequilla. Al final debe quedar una masa fina, que se pegue un poquito.

3. Introducimos esta masa en el cuenco, tapamos y dejamos reposar en la nevera un rato.

4. Mientras tanto, en una sartén ponemos un chorrito de aceite a calentar a fuego suave. Cuando esté caliente, añadimos la cebolla, el pimiento y las zanahorias, todo cortado en cubitos. Salpimentamos y removemos con frecuencia mientras dejamos cocinar durante unos 5 minutos.

5. Pasado este tiempo, agregamos los guisantes si son frescos o si están crudos; si son de bote, los echamos al final del sofrito. Removemos y vamos a seguir cocinando durante otros 5 minutos.

6. Ahora incorporamos los champiñones. Salpimentamos todo de nuevo y volvemos a mezclar con el resto de las verduras. Cocinamos durante otros 5 minutos más.

7. Para las espinacas, yo prefiero cocerlas que añadirlas al sofrito. Para cocerlas, basta con añadirlas en abundante

agua hirviendo durante unos 2 o 3 minutos. Pasado ese tiempo, se retiran, se echan en agua fría para cortar la cocción y ya están listas.

8. Con la verdura lista, es el turno de terminar de preparar el relleno. En un cuenco, ponemos los huevos y los batimos bien.

9. Luego añadimos la nata para cocinar y el queso rallado. Mezclamos un poco con los huevos y luego agregamos todas las verduras ya sofritas y las espinacas cocidas. Rectificamos de sal y pimienta, y mezclamos bien.

10. Metemos esto en la nevera y, mientras reposa un poco, sacamos la masa. Vamos a estirarla con la ayuda de un rodillo y a colocarla en un molde. Para estas cantidades, uno grande, de entre 28 y 32 cm de diámetro irá bien. Hacemos unos agujeros en el fondo con un tenedor e introducimos en el horno, que habremos calentado a 180 °C, durante unos 10 minutos.

11. Pasado este tiempo, retiramos el molde del horno y, sobre la masa parcialmente cocinada, vamos a verter el relleno de la quiche hasta que rebose por completo. Volvemos a introducir en el horno a la misma temperatura y dejamos cocinar durante unos 30 minutos, hasta que esté dorada, y el relleno, bien cuajado.

Una quiche 100 % casera. Si quieres, puedes comprar la masa ya precocida y quitarte un montón de trabajo de encima, pero la receta perderá calidad y, además, ¡también menguará la satisfacción de poder decir que lo hemos hecho nosotros! No obstante, la elección está en tu mano.

RATATOUILLE

La ratatouille, más allá de una película de animación, es una especie de pisto de origen francés. Se diferencia del español en que la verdura está cortada en rodajas, en que se hornea y en que va acompañada de un aceite aromatizado de ajo y hierbas provenzales. Es una receta muy vistosa. Puedes añadir más verduras, como pimientos, pero en esta ocasión vamos a emplear solo las más redondeadas, para que quede más estético y porque tan solo con ellas ya queda de rechupete.

Ingredientes
para 4 personas:

- 2 berenjenas
- 2 calabacines
- 2 tomates
- 2 dientes de ajo
- Sal y pimienta
- Hierbas provenzales
- Aceite de oliva

Servimos de inmediato. Es una divertida manera de comer verdura; además, la mezcla de estas tres, junto al aceite y el ajo, casa a la perfección. ¡Yo creo que no necesita más, pero puedes añadírselas si quieres!

Elaboración:

1. En un vasito, ponemos un buen chorro de aceite de oliva. Espolvoreamos sobre él los dientes de ajo picados y una cantidad generosa de hierbas provenzales; si no cuentas con la mezcla, puedes espolvorear, de una en una, varias hierbas a tu gusto. Reservamos.
2. Cortamos las berenjenas, los calabacines y los tomates en rodajas de unos 2 cm de grosor, todo con piel.
3. Vamos colocando rodajas en una fuente de horno, intercalándolas entre sí; es decir, una de calabacín, otra de berenjena y otra de tomate. Después, vuelta a empezar.
4. Seguimos hasta terminar de llenar toda la fuente, dándole forma de espiral o simplemente circular. Sobre las verduras agregamos el aceite con las especias y el ajo.
5. Introducimos en el horno, que habremos calentado a 180 °C. Dejamos que se cocine hasta que las verduras estén al dente, que no se pasen de cocción.

TACOS **DE CARNE**

Ingredientes

para hacer 8 tacos:

- 500 g de carne de ternera (babilla, falda...)
- 8 tortillas mexicanas
- 4 dientes de ajo
- 1 cucharadita de comino molido
- 1 kg de tomates
- Sal y pimienta

Para el pico de gallo:

- 1 cebolleta
- 1 tomate
- 1 chile verde (habanero, jalapeño...)
- Cilantro fresco
- Sal y pimienta
- Zumo de lima o de limón

También puedes acompañarlos con un guacamole o con una salsa de queso. Aunque su cocción es a fuego lento, y llevan tiempo, ¡quedan realmente deliciosos!

Elaboración:

1. En una sartén, ponemos a calentar a fuego fuerte un chorrito de aceite. Cuando esté caliente, añadimos la carne cortada en tiras y salpimentada. Salteamos durante 1 minuto, para que coja color. Reservamos.

2. A continuación, bajamos bastante la potencia del fuego. Si es necesario, añadimos un poco más de aceite, incorporamos los dientes de ajo picados y dejamos que lo aromaticen durante unos 3 o 4 minutos. Que no cojan color.

3. Añadimos el tomate y el comino, salpimentamos y mezclamos con el ajo. Dejamos que se cocine durante unos 20 minutos.

4. Mientras se cocina, preparamos el pico de gallo. En un cuenco ponemos la cebolleta pelada, el tomate sin pelar, el chile y un puñadito de cilantro, todo muy picado. Salpimentamos y echamos un chorro de zumo de lima o de limón. Mezclamos bien y reservamos.

5. A la sartén con el tomate le añadimos de nuevo la carne. Mezclamos y tapamos. Dejamos que se cocine todo a fuego muy suave durante entre 1 y 3 horas; cuanto más tiempo lo dejes, más va a deshacerse la carne y más melosa quedará.

6. Una vez que esté a tu gusto, calentamos cada tortilla en una sartén. La ponemos en un plato y echamos sobre ella unas cucharadas del relleno. Sobre este relleno ponemos un poco de pico de gallo, le damos la forma característica del taco y lo servimos.

TORTILLA **DE BACALAO**

Un plato muy representativo de las sidrerías vascas. Como suele ocurrir con todas las tortillas, existen mil formas diferentes de prepararla: con más cebolla, con menos, con más o menos huevos, más o menos cuajada... Yo te traigo una tortilla que es fácil de hacer, pero cuyo resultado es muy bueno, digno de una sidrería vasca.

Ingredientes
para 4 personas:

- 2 cebollas
- 400 g de bacalao desalado desmigado
- Un buen puñado de perejil fresco picado
- 2 pimientas de cayena (opcional)
- 6 o 7 huevos
- Sal
- Aceite de oliva

Al final, como siempre, a tu gusto. Puedes añadir más cebolla si la quieres más dulce, cocinarla más si la quieres más cuajada... Lo importante es que te animes a hacer esta tortilla en casa.

Elaboración:

1. Para desalar el bacalao, lo introducimos en una cazuela con abundante agua y dejamos que repose en ella dentro de la nevera. Cada 8 horas le cambiamos el agua; hacemos esto unas 6 veces (2 días en total).

2. Ya desalado, lo cocinamos. Volvemos a cubrirlo bien de agua y ponemos a fuego fuerte. Cuando esté a punto de hervir, retiramos del fuego. Dejamos que repose aquí hasta que se temple.

3. Para la elaboración de la tortilla en sí, primero ponemos un chorro de aceite a calentar a fuego suave. Cuando esté caliente, añadimos la cebolla cortada en tiras finas y las pimientas de cayena trituradas; omítelas si no te gusta el picante. Pochamos esto durante unos 30 minutos, mientras removemos con frecuencia.

4. Pasado este tiempo, la cebolla se habrá caramelizado algo, pero no del todo. Es el momento de batir los huevos en un cuenco. En él introducimos esta cebolla, el perejil picado y el bacalao desmigado. Mezclamos bien.

5. Volvemos a introducir en una sartén a fuego fuerte, una que sea antiadherente y muy ancha, para que la tortilla quede más ancha que alta. Dejamos que se cocine durante 30 segundos; pasado este tiempo, le damos la vuelta con un plato y cocinamos la otra cara durante el mismo tiempo; así nos quedará con un interior muy poco cuajado.

VARITAS DE MERLUZA
CASERAS

¿Quién no conoce este plato tan típico, una comida que de niños nuestras madres nos daban mucho para cenar? En esta ocasión, 100% casero. Es más fácil de hacer de lo que crees y al final podremos freírla u hornearla.

Ingredientes
para 4 personas:

- 1 kg de filetes de merluza, sin piel ni espinas
- 200 g de miga de pan
- 1 chorrito de leche
- 2 huevos
- Harina
- Pan rallado
- 2 huevos más para el empanado
- Sal y pimienta
- Aceite (solo si las freímos)

¡Y listo! Como las varitas que todos conocemos, pero caseras, con ingredientes 100 % naturales. Puedes echarles al final, una vez hechas, unas gotitas de limón; su toque ácido ayudará a realzar los sabores.

Elaboración:

1. Con un cuchillo, picamos la merluza todo lo que podamos; al ser una carne blanda, no es un trabajo muy costoso. No conviene hacerlo con una batidora porque no queremos obtener una pasta de pescado, sino más bien una especie de carne picada de merluza.

2. Ponemos esta carne en un cuenco, añadimos el huevo, la miga de pan bien remojada en leche y tres cucharadas de pan rallado. Salpimentamos y mezclamos todos los ingredientes hasta obtener una masa homogénea. Hecho todo esto, metemos la masa durante 10 minutos en el congelador, para que sea más maleable.

3. Ahora cogemos una pequeña porción de esta masa, le damos forma de varita, que puede ser redondeada o rectangular, como prefieras, y luego la pasamos primero por harina, después por huevo batido y, por último, por pan rallado.

4. Freímos en abundante aceite durante unos 3 minutos más o menos, hasta que estén bien doradas por fuera y cocidas en el interior. Puedes hornearlas también, si lo prefieres, poniéndolas en una fuente e introduciéndolas en el horno a 180 °C durante 20 minutos; quedarán más sequitas, pero serán más saludables.

POSTRES

BIZCOCHO **CEBRA**

Un bizcocho muy llamativo y de sencilla elaboración.

Ingredientes
**para un bizcocho de
20 cm de diámetro:**

- 4 huevos
- 150 g de azúcar
- 200 ml de aceite de
  oliva, girasol o mezcla
  de ambos
- 100 ml de leche
- 300 g de harina
- 20 g de cacao en polvo
- 1 cucharadita de
  esencia de vainilla
- ½ cucharadita de
  canela en polvo
- 1 cucharada de
  levadura química
  (polvos de hornear)
- Sal

Para estas cantidades, el mejor molde es de unos 20 cm de diámetro. Si tienes uno de 24 a 28 cm, triplica cantidades, y si es mayor, cuadruplícalas.

Elaboración:

1. En un cuenco, ponemos los huevos y el azúcar. Mezclamos bien con una varilla hasta que los huevos hayan doblado el volumen.
2. Añadimos la leche, el aceite, la levadura química, la esencia de vainilla y la canela en polvo. Volvemos a mezclar hasta que se integren bien.
3. Dividimos la masa por la mitad. Una mitad la dejamos en este cuenco, y la otra, la ponemos en otro distinto. A una de las mitades le añadimos 175 g de harina que habremos tamizado en un colador. Mezclamos bien hasta obtener una masa homogénea.
4. A la otra mitad le ponemos los 125 g de harina restantes y el cacao, ambos ingredientes también tamizados. De nuevo, mezclamos hasta obtener una masa homogénea.
5. Ponemos papel de horno en el fondo de un molde desmontable. A continuación, agregamos 3 cucharadas de la mezcla que no tiene cacao y sobre ella, ponemos otras 3 de la mezcla que sí lo tiene. Volvemos a repetir este paso hasta terminar con toda la masa. Las dos masas irán desplazándose para formar este bizcocho tan llamativo.
6. Introducimos en el horno, previamente calentado a 180 °C, y dejamos que se cocine durante unos 40 minutos, hasta que al pinchar con un palillo este salga limpio. Durante los primeros 30 minutos no abras el horno, ya que si no el bizcocho bajará.

BIZCOCHO **DE YOGUR**

¡Todo el mundo debería conocer este bizcocho! Como medidor, vamos a utilizar el mismo envase del yogur, y a esto me refiero cuando digo partes en el apartado de ingredientes.

Ingredientes
por bizcocho:

- 3 huevos
- 1 yogur natural o sabor limón
- 2 partes de azúcar
- 1 parte de aceite de oliva o girasol
- 3 partes de harina de trigo
- 1 cucharada de levadura química (polvos para hornear)
- Una pizca de sal
- Mantequilla para untar el molde

A este bizcocho puedes añadirle, además, un poquito de esencia de vainilla o de canela en polvo. No estropeará las proporciones y le dará más sabor. ¡Pruébalo!

Elaboración:

1. Reservamos el yogur en un plato. En un cuenco, ponemos los 3 huevos y dos vasos de yogur llenos de azúcar. Mezclamos y batimos bien con unas varillas o un tenedor, hasta que el huevo doble su volumen.

2. Añadimos el yogur, el aceite y la pizca de sal. A pesar de ser una elaboración dulce, una pequeña pizca de sal potenciará todos los sabores. Volvemos a mezclar todos los ingredientes hasta que se integren bien entre sí.

3. A continuación, ponemos las tres partes de harina junto con la levadura en un colador. Tamizamos y agregamos estos dos ingredientes a la masa. Volvemos a mezclar hasta obtener una mezcla homogénea y sin grumos.

4. Introducimos esta masa en un molde para bizcocho previamente untado de mantequilla, para que no se pegue. Metemos en el horno, que habremos precalentado a 180 °C, y dejamos aquí durante unos 40 minutos, hasta que al pinchar con un palillo este salga completamente limpio.

5. Sacamos del horno y esperamos 10 minutos antes de desmoldar. Una vez desmoldado, dejamos enfriar sobre una rejilla.

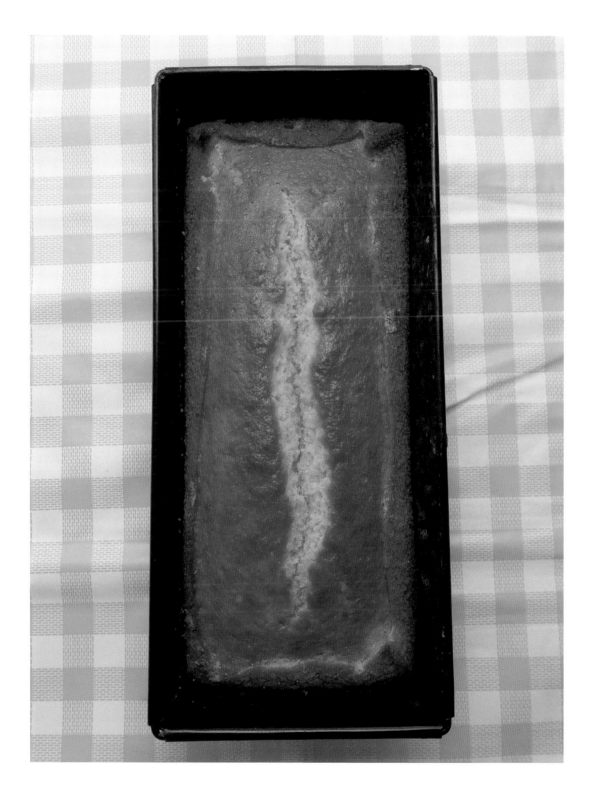

BROWNIE **EN VASITO**

Un desayuno muy fácil y rápido de hacer; en cuestión de 5 minutos lo tendrás listo al instante, recién hecho y calentito.

Ingredientes
por taza de unos 300 ml:

- 1 huevo
- 2 cucharadas de leche
- 2 cucharadas de azúcar
- 2 cucharadas de harina
- 4 cucharadas de cacao en polvo
- 1 cucharada de aceite de oliva o girasol

Elaboración:

1. Introducimos el huevo en la taza y batimos brevemente con un tenedor.
2. Después, agregamos el resto de los ingredientes y volvemos a batir. Al final, debe quedar una masa homogénea y sin grumos. Por otra parte, el vaso o la taza no debe llenarse hasta arriba, porque este brownie va a crecer después.
3. Introducimos en el microondas y dejamos aquí en torno a dos minutos. El tiempo exacto puede variar en función de la potencia del aparato. Para una potencia de unos 700 W lo programaremos durante 2 minutos.
4. Retiramos y consumimos de inmediato.

Si vas a preparar varias tazas, puedes hacer la mezcla en un cuenco y después ir introduciéndola en tazas individuales; tan solo multiplica las cantidades por el número de comensales. Si vas a hacer varios brownies, no los introduzcas todos a la vez en el microondas; es mejor ir cocinándolos uno a uno.

BUÑUELOS **DE CALABAZA**

¡Cuánto juego da la calabaza! Permite elaboraciones saladas y dulces, y se me ocurren infinidad de ideas.

Ingredientes
para 4 personas:

- 500 g de calabaza
- 130 g de harina
- 2 huevos
- 40 g de azúcar
- 1 cucharada de levadura química
- Jengibre fresco
- Una pizca de sal
- Azúcar más canela, para el final
- Aceite de girasol

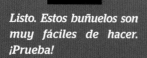

Listo. Estos buñuelos son muy fáciles de hacer. ¡Prueba!

Elaboración:

1. Troceamos y cocinamos la calabaza. Tenemos tres opciones: la ponemos en film transparente y la cocinamos durante 10 minutos en el microondas; la ponemos directamente en el horno durante 20 minutos a 180 °C, o la cocemos en agua durante unos 15-20 minutos; en cualquier caso, debe quedar blanda.

2. Aplastamos bien la calabaza ya cocinada y le escurrimos el agua que contenga; ya tenemos el puré listo.

3. En un cuenco, ponemos los huevos y batimos con un tenedor. Luego añadimos el puré, la harina, el azúcar, un poco de jengibre fresco rallado, la levadura química y una pizca de sal. Mezclamos bien hasta obtener una masa homogénea.

4. A continuación, calentamos abundante aceite a fuego fuerte. Cuando esté caliente, le agregamos unas cucharadas de la masa. Cada cucharada formará un buñuelo. Parecerá que está muy líquido, pero según entre en contacto con el calor del aceite, se hinchará y tomará forma redondeada.

5. Pasados unos segundos de fritura, los buñuelos comenzarán a flotar. Nos aseguramos de que se cocinen por todas las caras y, cuando estén bien dorados, los retiramos y colocamos sobre papel absorbente.

6. Una vez que los tengamos, los rebozamos con un poco de azúcar y canela; la proporción estándar es de dos cucharadas de azúcar por cada una de canela, pero puedes modificarla a tu gusto.

CREPES **DE CHOCOLATE**

Un apetitoso postre que puedes rellenar de lo que quieras (en la fotografía, de nata; simple, pero delicioso). En vez de preparar crepes como las de toda la vida, las haremos de chocolate. Su elaboración es igual de sencilla. Veamos cómo.

Ingredientes
para 4 personas:

- 2 huevos
- 200 g de harina
- 400 ml de leche
- 50 g de cacao en polvo
- 50 g de azúcar
- Mantequilla
- El relleno que más te guste

Puedes añadir más o menos cantidad de cacao y de azúcar a las crepes, a tu gusto. Lo que sí es importante es que te asegures de que por cada huevo añades 100 g de harina y 200 ml de leche.

Elaboración:

1. En una batidora de vaso, ponemos todos los ingredientes salvo la mantequilla. Trituramos bien hasta obtener una masa homogénea. Puedes hacer este paso en un cuenco con un tenedor, pero es muy importante que no haya grumos.

2. En una sartén muy ancha y antiadherente, ponemos a derretir a temperatura media un trocito de mantequilla. Cuando esté derretida, agregamos un cucharón de la masa. A continuación, agarramos la sartén y distribuimos la masa por toda la superficie en una capa fina. Devolvemos la sartén al fuego y cocinamos en torno a 1 minuto.

3. Pasado este tiempo, le damos la vuelta a la crepe con mucho cuidado. Podemos sacudir un poco la sartén para asegurarnos de que no se ha pegado. Con una espátula, la recogemos y le damos la vuelta con cuidado de que no se rompa. Dejamos que esta cara se cocine en torno a otro minuto.

4. Retiramos la crepe, ya cocinada, de la sartén y la colocamos en un plato. Seguimos preparando más crepes hasta terminar con toda la masa.

5. Rellenamos con lo que queramos, desde nata hasta plátano en rodajas, pasando por mermeladas o un dulce de leche; las posibilidades son infinitas. Enrollamos y servimos.

DONUTS **CASEROS**

Seguro que alguna vez has soñado con hacer tus propios donuts caseros... Pues ese día ha llegado. En esta receta mostraré cómo hacer este bollo en casa, unos donuts que, aunque es cierto que sí llevan su trabajo, no son muy difíciles de hacer. Vamos con ellos.

Ingredientes
para 4 personas:

- 500 g de harina de fuerza
- 200 ml de leche
- 1 huevo
- 40 g de mantequilla
- 100 g de azúcar normal
- 1 cucharadita de esencia de vainilla
- Ralladura de naranja
- 8 g de levadura de panadero liofilizada (o 25 g de la fresca)
- Aceite de girasol
- Una buena pizca de sal
- 200 g de azúcar glas + 50 g de agua, para el glaseado

Elaboración:

1. Preparamos la masa. En un cuenco, ponemos la harina, el azúcar normal, la ralladura de naranja, la esencia de vainilla, la leche, la levadura, el huevo y la sal. Mezclamos bien, sacamos del cuenco y mezclamos un poco con las manos. En un principio, debemos obtener una masa un poco seca.

2. Añadimos la mantequilla a temperatura fría, de la nevera, y seguimos amasando. En un principio parecerá que la masa va a quedar muy líquida, pero no debemos agregar más harina; tan solo hay que tener fe y seguir amasando. Con el paso de los minutos, la masa irá absorbiendo la mantequilla.

3. Pasados unos 10 minutos más de amasado, obtendremos una masa lisa que se pega tan solo un poquito a las manos y a la encimera; este es el punto que deseamos. Hacemos una bola con ella y la introducimos en el mismo cuenco donde hemos hecho la mezcla. Tapamos y dejamos fermentar en algún lugar cálido de la casa durante un par de horas, hasta que doble su tamaño.

4. Pasado este tiempo, sacamos la masa del cuenco. La aplastamos un poco para eliminar el exceso de gas y procedemos a hacer los donuts en sí. Para darles forma hay varias opciones. Una es a mano, cogiendo una pequeña porción, haciendo con los dedos un agujero en el centro y dándole forma de donut. Otra es con un utensilio especial

para hacer donuts: se estira la masa hasta que quede con el grosor de un dedo más o menos (2-3 cm) y entonces se utiliza la herramienta. La tercera es con dos vasos, uno grande y otro más pequeño, como de chupito: se estira la masa hasta que tenga esos 2-3 cm de grosor, con el vaso grande se le da forma de donut y con el pequeño se hace el agujerito central.

5. Sea como sea que les des forma, una vez estén los donuts hechos, se colocan sobre papel de horno. Cuando se haya terminado toda la masa, se tapan los donuts y se vuelven a dejar fermentar una o dos horas, hasta que hayan vuelto a crecer mucho.

6. Una vez hecho esto y con los donuts ya totalmente fermentados, ponemos a calentar a fuego medio-fuerte en una sartén grande abundante aceite de girasol. Cuando esté caliente, añadimos los donuts, ayudándonos del mismo papel de horno (cortando su contorno) para manipularlos lo menos posible. Los introducimos en el mismo aceite y desechamos el papel. Freímos durante 1 minuto cada cara. El donut se quema con mucha facilidad, así que hay que vigilarlo bien durante la fritura.

7. Una vez fritos, los reservamos sobre papel absorbente. Seguimos friendo hasta terminarlos todos.

8. Cuando ya estén fritos, en un plato hondo ponemos el azúcar glas y el agua, y mezclamos bien hasta obtener una masa blanquecina homogénea. Mojamos en esta masa los donuts por las dos caras para obtener ese glaseado exterior. Los dejamos reposar hasta que se sequen por completo.

Ya están listos para consumir. Como todo lo relacionado con la panadería, hacer donuts lleva un ratillo que puedes destinar a hacer otras cosas, pero son muy fáciles de hacer. Prueba a hacer en casa tus propios donuts caseros.

GOXUA **CASERO**

Uno de mis cocineros, me propuso, puesto que somos vitorianos, que hiciéramos un goxua. Acepté el reto. Va en capas y se degusta así, todo a la vez.

Ingredientes
para 4 personas:

Para la capa de nata:
- 200 ml de nata para montar (35 % MG)
- 50 g de azúcar

Para el bizcocho:
- 3 huevos
- 200 g de harina
- 200 g de mantequilla
- 150 g de azúcar
- Levadura química
- Una pizca de sal
- 100 ml de agua
  + 50 ml de ron
  + 100 g de azúcar, para emborracharlo

Para la capa de crema pastelera:
- 250 ml de leche
- 75 g de azúcar
- 25 g de maicena
- 3 yemas
- 1 cucharada de esencia de vainilla

Elaboración:

1. Para hacer el bizcocho, ponemos en un cuenco todos los ingredientes, salvo los que vamos a utilizar para emborracharlo después. Mezclamos bien hasta que estén bien integrados y sin grumos.
2. Ponemos esta masa en un molde desmontable para tartas que sea muy ancho. Al final, queremos un bizcocho de apenas 2 cm de grosor (ten en cuenta que en el horno crecerá).
3. Introducimos en el horno, que habremos calentado previamente a 180 °C, durante 20 o 25 minutos, hasta que esté bien cocinado, pero que no llegue a tostarse.
4. Retiramos y dejamos enfriar el bizcocho.
5. Mientras tanto, montamos la nata. Para ello, debe estar bien fría, refrigerada. La ponemos en un cuenco con el azúcar y batimos bien con unas varillas hasta que esté montada. Reservamos.
6. Preparamos la crema pastelera. Ponemos la leche, salvo medio vasito, a calentar en una cazuela, añadimos la esencia de vainilla y calentamos a fuego medio.
7. En el medio vasito de leche que hemos reservado agregamos la maicena. Ahora, en un cuenco, ponemos las yemas de los huevos y el azúcar. Batimos bien hasta que ambos ingredientes se hayan integrado. Incorporamos aquí el vaso de leche con la maicena y volvemos a mezclar.
8. Echamos esta mezcla en la leche que teníamos al fuego. Mezclamos bien, hasta que vaya espesando un poco. Una vez logrado esto, lo reservamos. Dejamos enfriar.

9. Con todos los ingredientes ya fríos, montamos el goxua en sí. Cortamos el bizcocho con el tamaño y la forma del recipiente en el que vayamos a presentarlo, unos moldes individuales o unos vasos servirán; podemos cortar el bizcocho utilizando el mismo vaso como molde. Emborrachamos ligeramente este bizcocho en la mezcla de agua, ron y azúcar; no demasiado, tampoco queremos que se desmorone.

10. A continuación, en el fondo del vaso, ponemos una fina capa de nata. Sobre él introducimos el bizcocho (que haga tope; es decir, que no pueda ni bajar y mezclarse con la nata ni subir). Encima del bizcocho ponemos nuestra crema pastelera, que tendrá cuerpo, pero será más bien líquida, como unas natillas. Espolvoreamos con una buena pizca de azúcar.

11. Ahora, dos opciones: lo ideal es emplear un soplete de cocina para caramelizar toda el azúcar. Quedará una capa cristalizada y crujiente deliciosa. Si no, puedes meterlo en el gratinador del horno; en este caso, necesitarías cuencos aptos para horno. No quedará igual, pero también sirve.

Y ya está listo. Son unos cuantos pasos, pero este es un goxua casero por completo, absolutamente todo lo hemos hecho nosotros. No obstante, con buena organización se hace en cuestión de una hora u hora y media. Un postre vasco poco conocido en nuestro país para lo delicioso que queda. ¡Pruébalo!

MAZAPANES **CASEROS**

Los mazapanes no necesitan presentación. Los comerciales han perdido mucha calidad con el paso de los años. Por ello, un día me animé a hacerlos en casa ¡y salieron muy buenos! Además, solo se necesitan 3 ingredientes..

Ingredientes
para unos
20 mazapanes:

- 250 g de almendra natural
- 250 g de azúcar glas
- 1 huevo

Los mazapanes son muy fáciles de hacer, tienen un sabor intenso a almendra y son 100 % caseros. ¡Deliciosos!

Elaboración:

1. Con una batidora eléctrica, molemos la almendra hasta que obtengamos una arenilla fina.

2. En un cuenco, mezclamos la almendra molida con el azúcar glas y lo integramos bien hasta formar una bola muy densa.

3. Añadimos la clara, tal y como está, a la mezcla. Volvemos a integrar con los demás ingredientes. Envolvemos la masa en film transparente y la dejamos reposar a temperatura ambiente en torno a 1 hora. Durante este tiempo, las almendras soltarán su aceite e hidratarán toda la masa.

4. Desenvolvemos la masa del papel. Cogemos una pequeña porción y le damos forma de mazapán. Puedes darle forma de bolita; hacerlos ovalados con un corte en el centro, o hacer un churro largo y envolverlo formando una especie de caracolillo.

5. Luego pondremos las piezas en una bandeja de horno con papel de hornear. Una vez que hayamos usado toda la masa, pintaremos las figuritas con la yema del huevo que nos había sobrado, una a una.

6. Las introducimos en el horno que habremos calentado previamente a 220 °C, con gratinador. Con este será suficiente para cocerlos; queremos que cojan ese color tostado tan característico en la parte superior. Dejaremos en el horno durante unos pocos minutos, hasta que se doren. ¡Ojo, que se queman con facilidad!

7. Retiramos del horno y dejamos enfriar.

ROSCÓN **DE REYES**

Ya que solo se consume una vez al año, deberíamos disfrutar de este manjar como se merece.

Ingredientes
para unas
6 personas:

- 160 g de prefermento
  (100 g de harina
  + 60 ml de leche +
  1 g de levadura fresca)
- 500 g de harina de
  fuerza
- 80 g de azúcar
- 50 ml de leche
- 3 huevos + 1 para
  pintar el roscón
- 60 g de mantequilla
- 3 cucharadas de agua
  de azahar
- 2 cucharadas de ron
- 2 cucharadas de
  esencia de vainilla
- Ralladura de limón
  y de naranja
- 7 g de levadura
  liofilizada (o 20 g de la
  fresca)
- Una pizca de sal
- Frutas escarchadas,
  almendras
  laminadas...

Elaboración:

1. Comenzamos haciendo un prefermento, una especie de masa madre rápida. Para ello, la noche anterior echamos en un cuenco los 100 g de harina, los 60 ml de leche y el gramo de levadura fresca. Si la que utilizas es liofilizada, con la punta de un cuchillo será suficiente. Mezclamos bien, tapamos y dejamos a temperatura ambiente toda la noche.

2. Al día siguiente, en este prefermento, que burbujeará y desprenderá muchos aromas, añadimos la harina, el azúcar, la levadura, los huevos, el agua de azahar, el ron, la esencia de vainilla, la ralladura de limón y de naranja y una buena pizca de sal. Como ves, es un pan muy aromatizado. La mantequilla no se la añadimos aún. Mezclamos y amasamos durante unos pocos minutos con las manos.

3. De momento, la idea es obtener una masa más bien seca. A continuación, añadiremos la mantequilla en cubitos, que le aportará humedad. Se añade ahora y no antes porque si no el gluten de la harina no podría desarrollarse, pues la mantequilla es un ingrediente graso y, por tanto, lubricante. Volvemos a amasar.

4. En principio, va a parecer que la masa va a deshacérsenos en las manos, pero no hay que desesperar y seguiremos amasando durante unos minutos más. Es muy importante no caer en la tentación de añadir más harina. Poco a poco la masa irá absorbiendo la mantequilla hasta que al cabo de unos minutos obtengamos una masa lisa, que se pegará un poquito a las manos y a la encimera. Esto es importante, pues si la masa no queda pegajosa, el roscón saldrá duro.

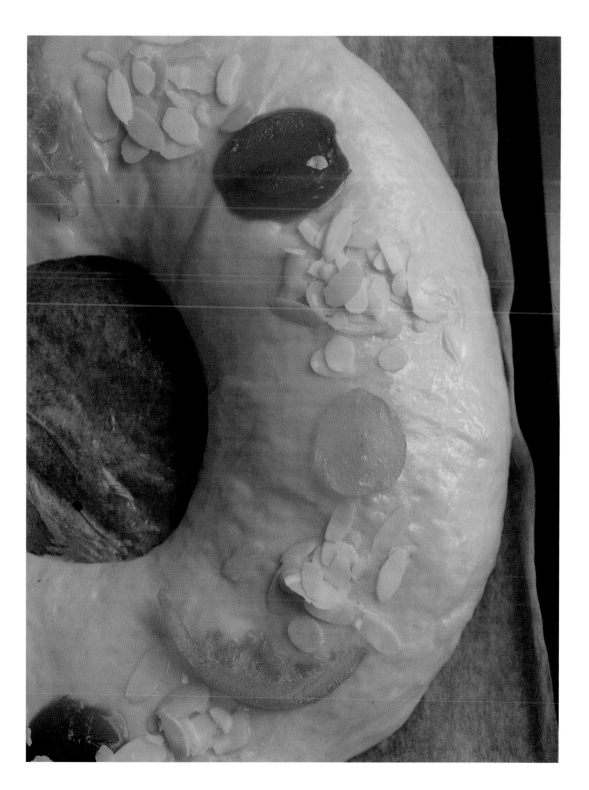

5. Devolvemos al cuenco, tapamos la masa y dejamos que fermente en torno a 2 horas, hasta que doble su tamaño.

6. Pasado este tiempo, sacamos la masa del cuenco, la aplastamos un poco para eliminar el exceso de gas y le damos forma de rosco. Para ello, le hacemos un agujero en el centro y vamos dándole vueltas en el aire de manera que la gravedad vaya haciendo el trabajo por nosotros. Al final debe quedar un agujero grande en el medio. Colocamos en una bandeja de horno cubierta con papel de hornear y dejamos que fermente otras dos horas, hasta que triplique su tamaño.

7. Una vez hecho esto, vamos a pintar todo el roscón, ya fermentado, con huevo batido. A continuación, ponemos sobre él lo que más nos guste: unas frutas escarchadas, unas almendras laminadas, azúcar avainillado… Esta será la decoración final.

8. Introducimos en el horno que habremos calentado previamente a 180 °C. Dejamos que se cocine durante unos 15 minutos, aunque vigilaremos constantemente, pues se quema con mucha facilidad.

9. Pasado este tiempo, retiramos y dejamos enfriar. Una vez frío, ya podemos abrirlo por la mitad para rellenarlo de nata, de crema pastelera, de trufa y, por supuesto, introducir las figuras en su interior. ¡Roscón listo!

Puede que no sea la receta más fácil de hacer ni mucho menos la más rápida, pero el roscón se come una vez al año y este evento merece algo mejor que un roscón comprado en el supermercado. ¡Prueba a hacerlo en casa!

TARTA DE ARROZ CON LECHE
SIN HORNO

Una receta doble. Podemos hacer un arroz con leche y consu-mirlo como tal o podemos hacer esta tarta. Con estas cantida-des, tendremos una tarta para 4 personas.

Ingredientes

para el arroz con leche:

- 100 g de arroz
- 1 l de leche
- 1 trozo de cáscara de limón y de naranja
- 1 rama de canela
- 70 g de azúcar
- 1 cucharada de mantequilla

Para la tarta:

- 100 g de galletas tipo maría
- 50 g de mantequilla
- 1 sobre de cuajada en polvo
- Canela molida

Elaboración:

1. Para preparar el arroz con leche, llenamos una olla con la leche y la calentamos. Cuando esté cerca del punto de ebullición (es importante que no llegue a alcanzarlo), aña-dimos el arroz, las cáscaras del limón y de la naranja, y la rama de canela. Removemos con frecuencia a fuego sua-ve, unos 45 minutos, hasta que el arroz esté blando.
2. A continuación agregamos el azúcar y la cucharada de mantequilla. Integramos, retiramos la canela y las cásca-ras, y ya tenemos nuestro arroz con leche.
3. Para hacer la tarta, batimos brevemente este arroz con le-che con una batidora. Tienen que quedar granos percep-tibles, pero parcialmente triturados. Añadimos la cuajada en polvo y mezclamos bien.
4. En un cuenco, ponemos la galleta, previamente triturada, y la mantequilla restante, derretida. Mezclamos con un te-nedor hasta obtener una especie de arena húmeda.
5. Introducimos esta mezcla en el fondo de un molde des-montable, aplastamos y compactamos bien con la ayu-da de un vaso. Luego, lo metemos al congelador durante unos 10 minutos.
6. Sacamos el molde y, sobre la base de galleta, vertemos el arroz con leche. Metemos ahora en la nevera y dejamos que cuaje durante una noche entera.
7. Al día siguiente, espolvoreamos canela molida y desmol-damos.

TARTA DE CHOCOLATE
Y GALLETAS

Una tarta hecha a base de capas de galleta y chocolate. ¡Sin necesidad de horno y riquísima!

Ingredientes para una tarta para 4 personas:

- 1 paquete de galletas rectangulares (unos 300 g)
- 200 g de chocolate 75 % de cacao + 250 g para la cobertura
- 200 g de mantequilla a temperatura ambiente + 50 g para la cobertura
- ½ vaso de leche + ½ vaso para la cobertura
- 2 huevos
- 50 g de azúcar
- Una pizca de sal

Elaboración:

1. Separamos las claras de las yemas y las montamos a punto de nieve en un cuenco.
2. En otro cuenco, mezclamos la mantequilla con el azúcar. Integramos bien. Tiene que quedar una masa homogénea.
3. Añadimos las yemas y volvemos a integrar bien.
4. Vertemos ahora los 200 g de chocolate, previamente fundido. Puedes hacerlo en el microondas, o al baño maría. Agregamos una pizca de sal y volvemos a mezclar hasta obtener una masa sin grumos.
5. Ahora incorporamos las claras montadas a punto de nieve. Primero añadimos la mitad e integramos haciendo movimientos envolventes; una vez que se haya integrado, agregamos el resto y volvemos a mezclar.
6. Forramos un molde rectangular con papel de horno para que se desmolde mejor. Mojamos las galletas en un poco de leche, sin que lleguen a deshacerse, y hacemos la base con ellas.
7. Sobre esta base, untamos la crema de chocolate que acabamos de hacer. Sobre esta, ponemos otra capa de galletas. Seguimos hasta haber formado dos o tres pisos y dejamos reposar en el congelador durante 30 minutos.
8. Mientras, preparamos la cobertura. En una cazuela añadimos todos los ingredientes de la cobertura y los derretimos a fuego suave.
9. Desmoldamos la tarta y la untamos con esta cobertura. Dejamos reposar en la nevera durante una noche entera antes de servir.

TARTA **SACHER**

La popular tarta Sacher está hecha a base de bizcocho de chocolate y tiene una cobertura también de chocolate. En su interior, contiene una pequeña capa de mermelada que le da un toque de cremosidad a toda la elaboración.

Ingredientes
para 4 personas:

- 140 g de mantequilla a temperatura ambiente
- 6 huevos
- 1 cucharada de esencia de vainilla
- 130 g de chocolate 75 % cacao
- 100 g de azúcar glas
- 100 g de azúcar normal
- Un chorrito de ron
- 200 g de mermelada de albaricoque
- 150 g de harina

Para la cobertura de chocolate:

- 150 g de chocolate 75 % cacao
- 200 g de azúcar

Elaboración:

1. Comenzamos por la base, el bizcocho de la tarta. Para su elaboración, ponemos en un cuenco la mantequilla, el azúcar glas y la esencia de vainilla. Batimos bien hasta que todos los ingredientes se integren entre sí.

2. Separamos las yemas de las claras, que pondremos en otro cuenco. Las yemas las añadimos una a una a la masa que estamos preparando. Incorporamos una y batimos bien; luego, otra y volvemos a batir. Repetimos hasta integrar las 6 yemas.

3. A esta mezcla le agregamos el chocolate previamente derretido. Puedes hacerlo al baño maría o en el microondas, aunque no suelo recomendarlo porque si no tenemos cuidado puede quemarse. Añadimos también un chorrito de ron y volvemos a integrar bien.

4. Es el turno del ingrediente sólido, la harina: la tamizamos con la ayuda de un colador y la añadimos a la masa. De nuevo, la integramos bien, hasta que no queden grumos.

5. A las claras, que teníamos en otro cuenco, vamos a añadirles el azúcar normal. Lo batimos bien hasta que se monte al punto de nieve.

6. Incorporamos estas claras a punto de nieve a la masa principal. En principio, añadimos ⅓. Integramos bien, haciendo movimientos envolventes, y cuando esté homogéneo añadimos otro tercio. Volvemos a repetir hasta que terminemos con toda la masa. En total la echamos en tres tandas.

7. Así, obtendremos una masa muy cremosa. Forramos con papel de horno el interior de un molde desmontable para tartas; con estas cantidades, uno de 20-24 cm va bastante bien. Precalentamos el horno a unos 170 °C e introducimos en él el molde durante unos 40 minutos, hasta que al pinchar la masa con un palillo este salga limpio.

8. Cuando el bizcocho esté totalmente hecho, lo retiramos del horno, dejamos que temple un poco y lo desmoldamos. Después, dejamos que se enfríe por completo.

9. Cuando ya esté bien frío y asentado, le quitamos la parte abombada superior con la ayuda de un cuchillo de sierra o con una lira. Lo cortamos también por la mitad, en dos partes iguales.

10. Untamos una de las partes con la mermelada de albaricoque y después colocamos encima la otra mitad, tapando con ella la mermelada. Retiramos el exceso que haya podido salir por los bordes.

11. Preparamos la cobertura. Para ello, vamos a hacer un almíbar. Ponemos en un cazo 150 ml de agua y los 200 g de azúcar, calentamos a fuego medio y vamos mezclando bien. Dejamos cocinar durante 5 minutos.

12. Pasado este tiempo, retiramos del fuego y dejamos templar durante unos 10 minutos. Luego derretimos el chocolate, de nuevo al baño maría. Cuando esté derretido, lo añadimos al almíbar y lo mezclamos bien.

13. Vertemos esta mezcla de almíbar y chocolate sobre la tarta. Puedes hacerlo en una rejilla o un plato con papel por debajo para ensuciar lo menos posible. Extendemos todo el chocolate por la superficie de la tarta.

14. Introducimos en la nevera y dejamos que se enfríe por completo. Una vez hecho, podemos servirla, mejor a temperatura ambiente, para no apagar los sabores; el frío de la nevera es tan solo para que se asiente mejor.

Son unos cuantos pasos, pero, no obstante, en poco más de dos horas puedes tener la tarta lista. Lo cierto es que merece la pena el trabajo hecho; salvo que a alguien no le guste el chocolate, ¡todo el mundo querrá repetir de tarta!

TARTA FRÍA **DE LIMÓN**

Una tarta sin horno muy fácil de hacer que te saldrá bien a la primera.

Ingredientes para una tarta de 20 cm de diámetro (4 personas):

- 200 g de galletas tipo maría
- 100 g de mantequilla
- 500 ml de nata para montar (35 % materia grasa)
- 250 g de queso para untar o crema
- 250 ml de leche
- 100 g de azúcar
- 2 sobres de gelatina de limón
- 1 limón

Estas cantidades valdrán para un molde de 18 a 22 cm de diámetro. Si el tuyo es mayor, hasta 28 cm, triplicamos cantidades, y si es de 28 cm para arriba, multiplicamos por 6.

Elaboración:

1. Con una batidora, trituramos las galletas hasta que queden bien finas. Después, mezclamos e integramos con la mantequilla derretida, hasta que quede una especie de arena húmeda.
2. Ponemos esta mezcla en la base de un molde desmontable para tartas. La aplastamos bien sobre la superficie, asegurándonos de que no queden huecos vacíos. Hecho esto, metemos en la nevera para que se asiente bien.
3. Mientras tanto, en una cazuela ponemos a calentar a fuego suave la nata, el queso crema, la leche y 80 g del azúcar. Mezclamos bien hasta obtener una masa homogénea.
4. Cuando esté caliente, añadimos un sobre y medio de la gelatina, que habremos hidratado previamente siguiendo las instrucciones del fabricante. Agregamos también el zumo de medio limón y un poco del otro medio; este zumo ayudará a potenciar todos los sabores a limón. Mezclamos bien.
5. Vertemos esta mezcla sobre la base de galleta. Volvemos a introducir en la nevera durante 2-3 horas, hasta que cuaje parcialmente.
6. Llegados a este punto, en otra cazuelita ponemos el resto del zumo del medio limón, 50 ml de agua y 20 g de azúcar. Llevamos a ebullición para después añadir el resto de la gelatina, también hidratada. Mezclamos todo bien.
7. Vertemos sobre la tarta, que estará parcialmente cuajada. Una vez hecho, volvemos a introducir en la nevera y dejamos que cuaje aquí por completo durante una noche entera.

ÍNDICE DE INGREDIENTES

AGRADECIMIENTOS

En primer lugar, quiero agradecerle a mi madre, Irene, que me guiara en mis inicios culinarios y que me inculcara el amor por la cocina.

Junto a ella, también quiero agradecer el apoyo de mi padre, Isidro, que me regaló mi primera cámara, con la cual grabé los primeros cien vídeos. Sin ambos y sin su apoyo, ninguno de estos proyectos serían hoy posibles, ni los canales de YouTube y Facebook *¡Que viva la cocina!*, ni el blog *Cocina casera y fácil.*

También quiero agradecer la inestimable ayuda de Víctor Fernández Ábalos, amigo de la infancia y también estrecho colaborador de todo este proyecto en general y de esta obra en particular.

Quiero expresar mi agradecimiento a Verónica Redondo, mi pareja y, recientemente, también colaboradora de este proyecto, por su apoyo diario e incondicional.

También agradezco la ayuda de Íñigo Baz; por motivos personales, su colaboración en el libro fue muy corta, pero también inestimable.

Además, quiero agradecerles a Juan Pablo Alonso y Alejandro Negueruela, amigos en mi estancia en Palencia, que me hicieran descubrir todo este mundillo de YouTube y de los blogs.

También estoy muy agradecido a todas esas personas, cada vez más, que me paran por la calle para mostrarme su cariño por mis recetas. «Hice este plato y quedó muy rico», «Mi marido/mujer está encantado desde que yo le cocino, gracias a tus vídeos». En realidad, yo también os estoy muy agradecido a vosotros por vuestras muestras de cariño. Para mí es la salsa de todo mi proyecto.

En relación con lo anterior, millones de agradecimientos al millón y medio de suscriptores de YouTube, a los tres millones de Facebook y a las decenas de miles de personas que de un modo u otro se dejan caer diariamente en *cocinacaserayfacil.net*. Todo mi agradecimiento para quien pierde un momento de su tiempo para dejar algún comentario en alguno de estos medios.

Y, por último, pero no por ello menos importante, quiero agradecerte a ti, mi querido lector, que hayas adquirido esta obra. Espero que te sirva de mucho, que cocines muchos platos y, sobre todo, que resulten de tu agrado.